NO LABIRINTO
O Líbano, entre guerras, política e religião

MIGUEL PORTAS

NO LABIRINTO
O Líbano, entre guerras, política e religião

NO LABIRINTO
O LÍBANO, ENTRE GUERRAS, POLÍTICA E RELIGIÃO

AUTOR
MIGUEL PORTAS

EDITOR
EDIÇÕES ALMEDINA, SA
Rua da Estrela, n.º 6
3000-161 Coimbra
Tel: 239 851 904
Fax: 239 851 901
www.almedina.net
editora@almedina.net

Com a colaboração da Universidade Católica

PRÉ-IMPRESSÃO • IMPRESSÃO • ACABAMENTO
G.C. GRÁFICA DE COIMBRA, LDA.
Palheira – Assafarge
3001-453 Coimbra
producao@graficadecoimbra.pt

Novembro, 2006

DEPÓSITO LEGAL
250805/06

Os dados e as opiniões inseridos na presente publicação
são da exclusiva responsabilidade do(s) seu(s) autor(es).

Toda a reprodução desta obra, por fotocópia ou outro qualquer processo,
sem prévia autorização escrita do Editor,
é ilícita e passível de procedimento judicial contra o infractor.

À Teresa,
e à sua infinita paciência

AGRADECIMENTOS

Preparava um capítulo libanês para um livro sobre o Mediterrâneo, quando começou a guerra. Treze dias mais tarde, na manhã de 25 de Julho de 2006, cheguei a Beirute. No regresso, o capítulo transformara-se, ainda sem o saber, num livro. Foi a guerra que assim decidiu.

Comecei a escrever a 9 de Agosto. Exactamente dois meses depois, parei. No Líbano, o cessar-fogo mantinha-se em vigor e o segundo *round* israelita fora adiado *sine die*. Contudo, a ofensiva militar de Telavive prosseguia onde, verdadeiramente, tudo se tinha iniciado – nos territórios ocupados da Palestina.

Escrevo este agradecimento em *Eretz*, a orweliana fronteira israelita de Gaza, enquanto espero pelo passaporte. Passo em revista o que vi e ouvi durante o dia que passei no imenso gueto em que a faixa se transformou. São sete da tarde, já é noite, e ouvem-se as hélices dos helicópteros por cima das cabeças. Aí vão eles para mais uma caçada. Pela manhã, em Beit Hanoun, haverá mortos para contar. É assim há meses.

Só não desespero porque não sou palestiniano. Mas quero que os meus filhos, o André e o Frederico, percebam porque tiveram em férias um pai ausente, submerso em livros e jornais, e preso a um teclado. Porque é impossível ficar indiferente.

Quero também agradecer à equipa que comigo trabalha em Bruxelas. A Carmen Hilário, a Margarida Vasconcelos e o Renato Soeiro aguentaram a perturbação que este livro trouxe às rotinas parlamentares, e foram inexcedíveis na preparação das notas que acompanham o texto. Um agradecimento ainda a Frederico Carvalho pela sua ajuda na revisão de provas. E outro a José Manuel Pureza, pela sua atenção e conselho, em matéria de Direito Internacional.

ÍNDICE

PARTE I – O nascimento de uma nação 13

    PROMESSA 15

    ILUSÃO 29

    LOUCURA 45

    JOGO 63

    RENASCIMENTO 75

PARTE II – Trinta e três dias de guerra 91

    VIAGEM 93

    PALESTINA 101

    ISRAEL 115

    HEZBOLLAH 129

    ISLAMISMO 145

    CRIME 157

    CASTIGO 167

    PÓS-GUERRA 187

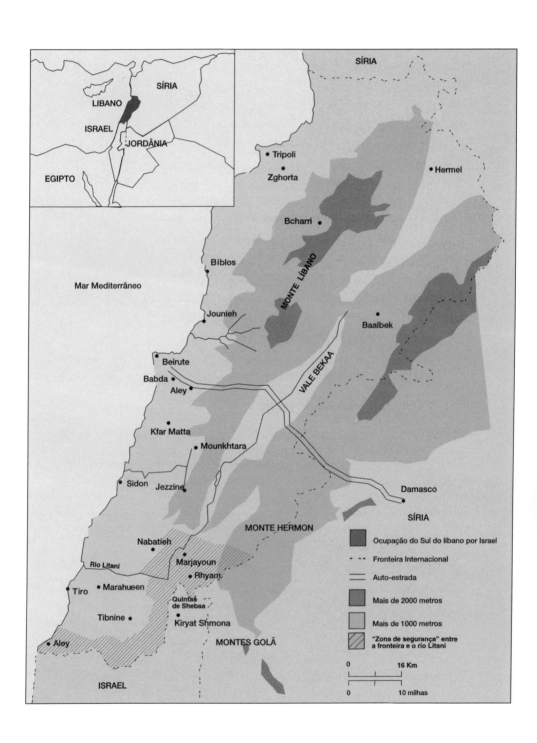

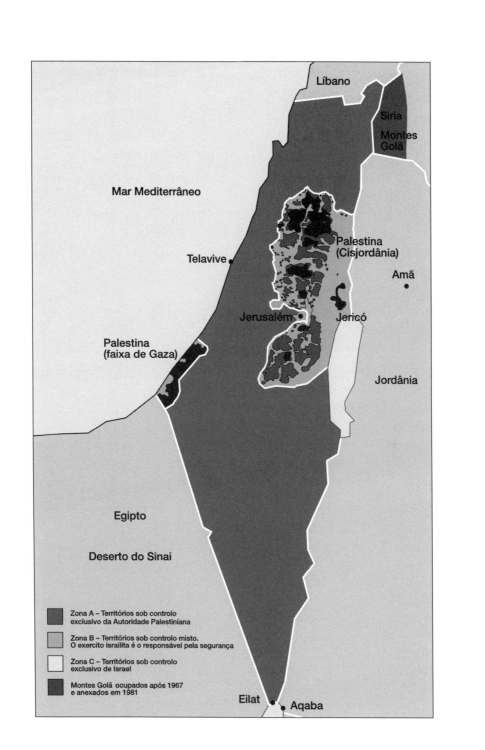

PARTE I

O nascimento de uma nação

PROMESSA

De onde moro, vê-se a praia e a serra. Eis o que se pode chamar um "privilégio libanês". Neste país, as montanhas, elegantes mas cansadas de alturas, deslizam sobre o Mediterrâneo. Visto do outro lado, o do mar, o encontro não é menos sugestivo. Contra a imensa cordilheira, a força das águas fina-se, incapaz do assalto. Mas nessa fronteira, o mar encontra compensação, a sua reforma, se preferirem. Ondas suaves e preguiçosas riem-se do esforço das alturas que recortam o horizonte, lá onde este desafia os céus, o Sol e a Lua. Sim, a lua, mesmo durante o dia.

Os libaneses deveriam ser gente de sorte, portanto. Não só os do mar e os da montanha, como também os do vale.

Entre o Monte Líbano, que atravessa o país de Sul para Norte, e o Anti-Líbano, uma cordilheira mais mansa, já do lado Sírio, situa-se o vale da Bekaa, uma língua de terra que, na realidade, é um planalto situado a mil metros de altura. Guardado por montanhas de um e de outro lado, é como um rio, alvo no Inverno ou verde e amarelo no resto do ano, que todos os climas aí assentaram transumância. Este vale tem tudo. Tem *Baalbek*, a antiga Heliopolis romana[1]. Tem cidades de dimensão modesta, portanto apropriadas; e tem terra de rara qualidade.

---

[1] *Baalbeek* é um dos maiores e mais bem conservados complexos de arquitectura romana, de diferentes períodos. Foi classificada como património mundial pela UNESCO. As suas origens são um mistério. O actual nome não ajuda a esclarecer o enigma, uma vez que é posterior à presença romana, e mais não indica do que a região onde se encontra – "Bal Bekaa" – ou seja, Vale da Bekaa. As ruínas do maior dos seus templos datam do período de Septimo Severo, imperador africano de Roma.

16 | NO LABIRINTO

Quem desça, de ocidente, as montanhas em direcção ao vale, pelas estradas inclinadas que vão dar à fronteira que conduz a Damasco, revê-se no paraíso dos sonhos tranquilos. A tentação é, então, a de parar para respirar, e deixar-se corromper pelo prazer da comida e da bebida... e nunca mais partir.

A qualidade dos legumes e das leguminosas é um dos milagres guardados pelo vale. Nas zonas cristãs, a gastronomia dita "sírio-libanesa" acompanha-se de *arack*[2]. A bebida nacional tem aroma de anis e, cortada por duas medidas de água, adquire a cor leitosa comum aos anisados. Mas este *arack* não é um *pastis*, já que se obtém a partir de destilações sucessivas, em alambique, do mosto de uva. O fabrico é similar ao *raki* dos arménios, só que estes o ingeriam como aguardente. Não deixa de ser singular a mistura. Eis uma aguardente de uva que, cortada por água e aromatizada com anis, se bebe como refresco... Tanta imaginação não é mérito exclusivo dos camponeses do vale. Tudo indica que os seus saberes originais se tenham combinado com técnicas e hábitos preservados pelos *janíssaros*[3], o corpo de elite dos otomanos que regularmente era chamado a intervir nas regiões mais problemáticas do extenso império.

---

[2] Uma introdução ao *arack* e também à *mezzé* pode encontrar-se num belo livro de Rudolph El-Khareh, que inclui igualmente sugestivas receitas, intitulado *Le Mezzé Libanais, l'Art de la Table Festive*, editions Sindbad, Actes du Sud.

[3] Os Janíssaros, ou "nova força", com origem no século XIV, foram dissolvidos em 1826. Os seus homens eram recrutados entre as famílias cristãs do império otomano, ainda na infância. Depois eram educados, treinados e islamizados em campos próprios, os *acemi oglan*. Escravos de luxo e exímios combatentes, tornaram-se, por força do ofício, influentes e poderosos nos assuntos do império. Um "Estado dentro do Estado", dir-se-ia hoje. A origem diversificada – gregos, albaneses, sérvios, bósnios, ucranianos, russos do sul... –, aliada à formação, construíram uma cultura específica. Em acampamento, reuniam-se em volta do caldeirão. O comandante era "fazedor de sopa chefe", os intendentes "cozinheiros chefes" e assim por diante... Bem para lá da gastronomia, o espírito de corpo encontrou tradução religiosa própria numa variante mística do Islão que, entre outros rituais, se exprimia numa dança rodopiante que ainda hoje se pode observar na Turquia, na Síria ou no Egipto. Muitas famílias cristãs viam na captura das suas crianças uma garantia de futuro e ascensão social.

Para os cristãos do vale, não é a comida que se acompanha de bebida, é o "leite de leoa" que não dispensa a *mezzé*. O som desta última palavra, uma transcrição fonética do termo árabe *mâza*, não nos é estranho. Imagine uma mesa repleta de pratinhos com os paladares, cheiros e cores que a terra dá e o engenho inventa, e eis como ela, a *mezzé*, se apresenta ao olhar. Mas onde o incauto é atraído pelo apetite, o iniciado redescobre-se em rito e cerimónia. Com efeito, *Mâza* declina-se de *tamazzaaza*, um verbo árabe intraduzível na nossa língua, que associa ao acto de "degustar", o tempo e o prazer que dele decorre. O *arack* e sua *mezzé* são, portanto, filosofia e arte de viver... À volta de uma mesa, eis como o Líbano gostaria de ser recordado. Em redor de uma *mezzé*, onde cada alimento em cama de sua alface sabe o lugar que ocupa na mesa festiva. E onde os que a rodeiam não devoram, debicam. Compondo mosaicos de sabores com todo o tempo do mundo.

O Líbano é uma promessa. Por causa das suas montanhas, acolheu, muito antes de o ser, heréticos e heterodoxos das três religiões do Livro.

Alauítas[4] instalaram-se a Norte, onde as cordilheiras se unem, já na Síria. Hoje, é deles a elite que manda em Damasco. Uma minoria existe ainda no Norte do Líbano, na região de Tripoli.

---

[4] Inicialmente originários do Sul do Iraque, os alauítas acabaram por se instalar nas montanhas do noroeste da Síria, entre o rio Orontes e o mediterrâneo, escapando à perseguição do califado sunita no século IX. Religiosamente, constituem o ramo do xiismo que reconhece legitimidade sagrada aos onze primeiros imãs. Acreditam numa trindade sagrada, um ecletismo com pontos de contacto com o cristianismo. São os franceses que em 1920 dão a esta comunidade, que representa pouco mais de 10 por cento da população síria, um estatuto de auto-governo. Minoritários, viram na criação de uma Síria laica a garantia da sua própria liberdade confessional. Os alauítas investiram no partido *Baath* e no exército, detendo posições decisivas no regime de Damasco.

Cristãos e drusos[5] ocuparam o Monte Líbano, a cordilheira central do país. O tempo tanto os separou como os uniu, ao ritmo de rivalidades e interesses em comum. Como adiante se verá, é difícil entender a política libanesa contemporânea fazendo tábua rasa desta história de emires, senhorial e tribal, imune ao passar dos séculos, e que apenas se lhes adapta para melhor sobreviver. O Líbano deve a cristãos e drusos a primeira ideia de nação, por muito que uns e outros a tenham escrito por linhas tortas e travessas. Na linguagem política comum, os cristãos consideram-se como os "soberanistas" do Líbano.

Quanto aos Métoualis[6], os xiitas duodecimais do Líbano, instalaram-se na região de Biblos, no vale da Bekaa e nas montanhas agrestes mais a Sul, onde o Monte Líbano começa a esvair-se e se afirmam os Golã. A sua implantação foi, em muitos casos, vizinha da de comunidades cristãs, o que fez longas e duráveis as relações entre ambas. Perseguidos entre os perseguidos, como se fossem filhos de um Deus menor, os xiitas ergueram-se nas últimas décadas. O Líbano nasceu de costas voltadas para eles. Apesar disso, não existiria hoje

---

[5] Comunidade que se referencia a um discípulo do califa cairota Al-Hakim, que viveu no início do século XI. Pode considerar-se uma variante do xiismo, já que tem origem num califa fatimida. Trata-se de uma doutrina com elementos messiânicos e gnósticos, que crê na reincarnação dos seus membros e não pratica o proselitismo: nasce-se druso. Após a morte de Al-Hakim, os seus adeptos refugiaram-se no Monte Líbano. Há comunidades drusas no Norte de Israel, na Síria e na Jordânia. Os drusos desfrutaram de longos períodos de hegemonia nas montanhas libanesas. Só no século XIX a sua influência começa a declinar.

[6] Nome dado aos xiitas do Líbano, que se integram na corrente maioritária, ou duodecimal, desta confissão islâmica. A ruptura entre sunitas e xiitas remete para um debate sobre a sucessão de Maomé, que não deixou descendente masculino. Os "partidários de Ali", ou xiitas, sustentavam que a sucessão se devia encontrar sempre entre os descendentes de sangue de Maomé. As múltiplas divisões no partido de Ali, que era genro de Maomé, referenciam-se sempre à legitimidade dos imãs dessa linhagem. A maioria dos xiitas reconhece doze, sendo que o último, o Madhi, não morreu, apenas se ocultou. Ao contrário do que se possa pensar, o xiismo foi em regra mais colegial e plural do que o ramo ortodoxo sunita, onde o poder político e o religioso se fundiram na figura do califa.

como Estado independente sem a sua combatividade e capacidade de sofrimento. Na linguagem política actual, eles são a "resistência".

Ao invés dos fugitivos que se refugiaram nas montanhas, os impérios fixaram-se nas principais cidades com vista para o mar. Administraram o território sem nunca o domarem.

Constantinopla condicionou o Levante durante 400 anos. A relação do império de oriente com as grandes cidades comerciais da costa nunca foi simples. Duas, Alexandria e Antioquia, elevaram--se acima das demais nos seus desejos de independência. Foi nelas que o Cristianismo criou raízes entre os "gentios", bem antes de se ter transformado em religião oficial do império. Foi também nelas que se afirmaram as primeiras disputas teológicas em redor da natureza de Cristo. Vontades de autonomia e disputas sobre o sagrado caminharam a par e passo. Na costa mediterrânica, não era a primeira vez – nem seria a última – que lutas por terra e poder recorreriam à legitimação do sagrado. Esta é uma das mais perenes tradições do monoteísmo.

Fixemo-nos em Antioquia. Embora situada a norte do actual Líbano, é a cidade do mundo levantino onde, definitivamente, o Cristianismo se separa do Judaísmo[7]. Foi aí que as palavras de Paulo de Tarso começaram a encontrar eco entre os não judeus. É em Antioquia que o mistério sagrado, até então exclusivo de um "povo eleito", se abre ao "outro". Nessa decisão sem retorno, o Cristianismo supera o Velho Testamento e afirma-se universal. Todas as igrejas de Oriente são, por isso, "antioquianas". Umas ligaram-se a Roma – em particular, a de São Maron, maioritária entre os cristãos do Líbano – e outras aos diferentes Patriarcados ortodoxos[8]. Mas todas são de

---

[7] Norman Solomon, do departamento de estudos hebraicos da Universidade de Oxford, sintetiza numa pergunta – "o tomate é um fruto ou um legume?" – a dupla condição que envolve o Judaísmo: religiosa e étnica. No contexto histórico em causa, religião judaica e "povo eleito" coincidiam. Hoje, muitos judeus não professam o Judaísmo. E, em boa verdade, há quem professe a religião hebraica sem qualquer ligação de sangue ao "povo eleito".

[8] O Líbano reconhece oficialmente 18 confissões religiosas. Na sua grande maioria são cristãs. Entre estas, a igreja maronita, católica de rito oriental, é a mais importante.

Antioquia. Não se percebe o compromisso político destas "igrejas arcaicas" com as causas e a condição árabe, nem o seu contencioso histórico com o Judaísmo, abstraindo do momento fundador.

Outro poder afrontou, a partir de meados do século VII, a capital do império de oriente. Veio de Sul, das cidades do deserto, e trazia consigo uma nova fé – o Islão. No Levante, os cavaleiros de Maomé são acolhidos como libertadores. A vaga islâmica não é uma colonização clássica, e muito menos uma invasão que tudo queima à passagem. A subida dos árabes do Sul representa para os "povos do mar", independentemente da sua religião, o fim do jugo centralizador de Constantinopla.

Múltiplos pontos de contacto com o Cristianismo facilitaram a implantação do novo credo. Também ele se reclamava do Deus único. Parecia até "mais único", porque dispensava o enorme sarilho em que se transformara a Santíssima Trindade, envolvida, pelos homens, em terríveis disputas sobre o lugar de cada um dos seus elementos no sistema trinitário. O Islão simplificava ainda os ritos, valorizando a relação directa entre crente e Criador. E, qual cereja no bolo, reconhecia em Jesus um profeta – algo que os judeus negavam – e acreditava que Maria, sua mãe, era virgem no momento da concepção.

O novo poder dá a cristãos e judeus, "povos do Livro", um estatuto de protecção que, no Próximo e Médio Oriente, sobrevive ao fim do próprio império otomano. Este sistema, confessional e

---

O nome refere-se a São Maron, um monge eremita do século IV que converteu, em fim de vida, várias comunidades de montanha. Na realidade, a implantação maronita data do século VII e VIII, e para ela será decisiva a tradição monacal da região. Embora ligada a Roma, tem Patriarca próprio. No seu título, inclui-se sempre o nome de Boutros, ou seja, Pedro, o fundador da igreja de Antioquia. Nas disputas em torno da natureza de Cristo, os maronitas foram diofisitas, ou seja, alinhavam a dimensão humana pela natureza divina. No primeiro milénio, as dissensões teológicas não impediam a unidade na oração. Esse o "espírito de Antioquia". No segundo milénio, as igrejas de oriente acabaram por ser "ocupadas" pelas cruzadas bizantinas e latinas e acabaram por se ligar a um dos dois grandes centros.

"comunitarista"[9], ainda hoje marca a "especificidade" libanesa. Ele não funcionou sempre da mesma maneira, nem serviu a todos por igual. A tolerância que a nova fé garantia às religiões do Livro não se estendia aos heréticos nascidos do seu próprio ventre. No Líbano, o sunismo[10] precisou de treze séculos para se consolidar, sem absorver ou destruir as dissidências. O seu peso é relevante entre a população e no mundo dos negócios. Foi entre os sunitas que, no século XIX, se desenvolveram dois movimentos reformistas no espaço do Império otomano. Um deles – a *nadha*[11] – contém os elementos que irão desenvolver a formação de uma consciência nacional árabe[12], a qual terá, por sua vez, expressões territoriais diversificadas.

---

[9] Sistema onde cada grupo, dotado de uma confissão minoritária, tem direito a protecção em caso de guerra e ainda ao auto-governo e à administração da Justiça, contra o pagamento de impostos e outras obrigações, que variaram ao longo dos séculos, e de minoria para minoria. A divisão espacial das cidades em bairros religiosamente homogéneos, bem como o domínio de natureza senhorial, garantiram a perenidade desta relação contratual entre centro e minorias. O Líbano moderno, por contraditório que os termos sejam, é uma "democracia confessional". Todo o sistema político e administrativo assenta em "quotas" para as diferentes comunidades, "igualizando" direitos. Sobram, no entanto, resquícios de distinção entre maioria e minorias. Por exemplo, o clero cristão não é equiparado à Função Pública, ao contrário do que sucede com os seus equivalentes muçulmanos...

[10] Cerca de 85 por cento dos muçulmanos são sunitas. O nome deriva da palavra Suna, que define a conduta do crente de acordo com a vida e ensinamentos do profeta Maomé. No contexto dos conflitos sucessórios opunham método electivo ao critério de sangue. O sunismo manteve ao longo dos séculos um pólo agregador, o dos califas, sem prejuízo de várias escolas de pensamento se terem desenvolvido no seu interior. As divisões no Islão, diferentemente do Cristianismo, não impedem, contudo, o reconhecimento comum na *Umma*, a comunidade dos crentes.

[11] Movimento de reforma árabe e ocidentalisante que teve no Cairo o seu epicentro. Do ponto de vista religioso, ensaiou um novo equilíbrio entre fé e razão. Na economia, tentou recuperar o atraso tecnológico do Médio Oriente, que então estava longe de ser fatal. No plano político, procurou autonomizar-se do império otomano, um gigante doente, mas ainda não moribundo. Em Istambul, um movimento similar de modernização e reforma desenvolve-se a partir do próprio califado, depois de liquidada a influência dos janíssaros, em 1821.

[12] O "arabismo" é um conceito político e cultural que data da segunda metade do século XIX. Promovido pela *Nadha*, recebeu também um forte impulso por parte

Não se pense que a fixação religiosa explica o povoamento do Líbano. Por exemplo, milhares e milhares de arménios chegaram ao país nas primeiras décadas do século passado. Eram cristãos de rito oriental, mas não foi essa a razão do seu êxodo. Os fugitivos escapavam do genocídio que o ocaso do império otomano, os jogos das potências envolvidas na guerra mundial, a conflitualidade com os seus vizinhos curdos, e a febre de sangue dos militares turcos, lançaram sobre a sua terra.

A segunda grande chegada do século XX foi a dos palestinianos. Também aqui o factor confessional não é decisivo. Quando, a 29 de Novembro de 1947, as Nações Unidas adoptam o plano de partilha da Palestina entre dois Estados, nos territórios atribuídos a Israel existiam 498 mil judeus e 407 mil árabes. Ao invés, nas terras que deveriam pertencer ao futuro Estado Palestiniano, os judeus eram 106 mil e os árabes muçulmanos e cristãos, 830 mil. Como se sabe, apenas um destes Estados viu até hoje a luz do dia.

A guerra entre os fugitivos e imigrantes que fundaram Israel, e os árabes que viviam na região durou ano e meio [13]. No fim, o recém-

---

dos intelectuais árabes cristãos. É a "revolta árabe" de 1916 que irá popularizar a ideia de "nação árabe". O termo "árabe" presta-se a numerosas confusões que importa desfazer. Inicialmente, reporta-se às tribos da Península arábica. Só existe uma relação estreita entre árabes e Islão, porque foi em nome deste que os primeiros se lançaram à conquista do "mundo conhecido", no século VII. Dessa vaga resultou a formação de califados de influência e língua árabe, com fronteiras em três continentes: Ásia, África e Europa. Mas, a partir do século XI, eles deixaram de ser dirigidos por árabes. Hoje, a grande maioria dos muçulmanos não é árabe. E nem todos os árabes são muçulmanos. Uma importante minoria é cristã. O mundo que usa o árabe como língua oficial compreende 22 países e 300 milhões de habitantes. Nele existem povos não árabes: curdos, cabilas, berberes, arménios, etc.

[13] A primeira guerra israelo-árabe desencadeou-se no dia seguinte à proclamação do Estado judaico, em 14 de Maio de 1948. De facto, os conflitos tinham começado bem antes. Do lado árabe, recusa-se a divisão do território e a criação do Estado judaico; do lado de Israel, as fronteiras delimitadas são apenas um começo. O conflito

-criado Estado hebraico tinha conquistado um terço dos territórios que a ONU destinara ao outro. Dentro das suas novas fronteiras sobravam apenas 160 mil "árabes da Palestina", logo apelidados de "árabes de Israel", que "palestinianos" era coisa oficialmente inexistente. Setecentos mil a novecentos mil palestinianos, tinham abandonado casas e haveres, espalhando-se pelos países em redor. Metade foram parar ao Líbano, cuja independência tinha sido proclamada em 1943.

A pergunta é: fugiram ou foram expulsos? Em 1961, Ben Gurion, primeiro-ministro de Israel, foi taxativo: "Temos documentos explícitos testemunhando que deixaram a Palestina seguindo as instruções dos dirigentes árabes, com o *mufti* à cabeça"[14]. Esta leitura benigna dos factos, que isenta Israel de um pecado fundador, não resiste à investigação entretanto realizada pelos próprios historiadores do país. Um deles, Benny Morris, analisou a documentação militar desclassificada sobre o período. Nos territórios conquistados, 369 cidades e vilas foram esvaziadas da sua população. Em 45 casos, o autor não conseguiu identificar a causa do abandono. Em seis, atribui

---

começa por correr de feição aos palestinianos. Mas em Março de 48, armados pela Checoslováquia e com cobertura da URSS, os israelitas passam à ofensiva. Controlam a estrada para Jerusalém e tomam Tiberíades, Haifa e Safed. Jaffa é conquistada a 12 de Maio. A entrada dos desordenados exércitos árabes não inverte a situação. Armistícios assinados em Fevereiro e Julho de 1949, confirmam a realidade no terreno: face ao aprovado nas Nações Unidas, Israel tinha crescido 50 por cento.

[14] David Ben-Gurion (1886-1973). Considerado, a justo título, o "pai" de Israel. Judeu de origem polaca, foi viver para a Palestina em 1906. Liderou o sionismo trabalhista durante os quinze anos que precederam a criação de Israel e foi decisivo na criação da *Hagana*, a milícia sionista que constituirá a espinha dorsal das futuras Forças de Defesa de Israel, e do *Tsahal*, o seu exército. Entre 48 e 63, com uma breve interrupção nos anos 50, foi primeiro-ministro. Ben Gurion sustentou o interesse de Israel na criação de um micro-Estado cristão no Líbano, doutrina que os seus sucessores mantiveram. Acabou os seus dias num relativo isolamento político. A frase citada foi retirada de *Les 100 Clés du Proche Orient*, página 197, de Alain Gresh e Dominique Vidal, edições Hachette Littératures.

efectivas responsabilidades às autoridades árabes locais. Noutros 90, foi o pânico estabelecido na sequência de expulsões violentas nas localidades vizinhas, que determinou a fuga. Mas as conclusões deste historiador, assumidamente sionista[15], não deixam margens para dúvida nos restantes 228 casos: os palestinianos foram expulsos na sequência dos assaltos das tropas judaicas. Em 41 deles, essa expulsão teve que se realizar, *manu militari*, depois de conquistadas as localidades[16].

Condenados ao êxodo, centenas de milhares de palestinianos passaram à condição de refugiados. De povo com direito a um Estado, passaram a capítulo da ajuda humanitária. Em 1950, o Gabinete das Nações Unidas para os Refugiados Palestinianos (UNRWA) calculou o seu número em um milhão. Cinquenta e cinco anos mais tarde, estima-os em 4 milhões. Destes, um milhão e duzentos mil vivem em campos à guarda das Nações Unidas, quer nos territórios ocupados por Israel, quer nos países limítrofes. Mais do que uma diáspora, foi um êxodo.

No Líbano, os palestinianos representam pelo menos 10 por cento da população. Foram acolhidos, mas não têm direitos de cidadania. Vivem em florestas de betão que são milagres de engenho e tragédia humana. A maioria das profissões está-lhes vedada, mas esta é apenas uma das discriminações que sofrem.

Coloque-se, por um momento, na pele do outro: não pode regressar à sua terra de origem, nem estabelecer-se no país de refúgio. O mesmo se passa com a sua descendência. E com a descendência da

---

[15] Sionismo é o movimento político que afirma o direito à existência de um Estado hebraico, entendido como lugar de refúgio e reencontro dos judeus face às perseguições de que eram vítimas na Europa. Esse Estado foi objecto de várias localizações possíveis, antes do movimento se concentrar sobre a Palestina. O nome colhe raízes na referência a Sião, um monte dos arredores de Jerusalém. Desenvolveu-se a partir da segunda metade do século XIX, em especial entre os judeus da Europa Central e da Europa de Leste, sob pressão de pogroms e do crescimento do anti-semitismo.

[16] *Les 100 cloches du Proche Orient*, página 197, citando o livro de Benny Morris, *The birth of the Palestinien Refugee Problem*, 1987.

sua descendência, e por aí adiante... A percepção desta tragédia só tardiamente foi compreendida pelos próprios. A primeira geração de refugiados, a de 1948, saiu das suas casas com as chaves na mão, segura de que regressaria em breve. Quando cada um e todos se começam a aperceber que a condição de refugiado se confunde com a de um destino colectivo, o choque transformou-se em estupor e revolta.

Não era deste modo que os *outros* viam o problema. Israel, estava, por assim dizer, nas suas sete quintas: "a questão palestiniana tinha sido evacuada e os palestinianos eram um simples apêndice do povo árabe"[17]. Acabariam por, mais tarde ou mais cedo, integrar-se nos países árabes em redor.

Quanto aos europeus, a sua visão resumia-se ao slogan "uma terra sem povo para um povo sem terra". Pouco importava que a primeira proposição fosse falsa. Simplificava imenso pensar que na Palestina apenas viviam uns quantos nómadas atrasados e belicosos. A Europa do pós-guerra descobria o horror do Holocausto em toda a sua extensão. Forçou-se, e muito bem, a rebobinar um século de *progroms* e vários de Inquisição, conversões forçadas e expulsões maciças. Não era bonita esta revisão. Entre a percepção de ocidente e de oriente abre-se o abismo. Para nós, a questão palestiniana tinha que ser negada ou reduzida a um problema humanitário porque, "para os europeus, o sionismo era o bem, o necessário correctivo da *Shoah*". Jean Lacouture apanha bem o ar do tempo quando afirma que "para a Europa dos anos 40 e dos que se lhes seguirão, a partida dos judeus para a Terra Santa é um milagre. Considera-se então que esses mártires têm todos os direitos"[18]. Este olhar sobredeterminou, durante duas décadas, qualquer outro ponto de vista. Para muitos, ainda assim é.

---

[17] Memórias de Jean Lacouture, jornalista francês que viveu durante décadas no mundo árabe, em *Un Siècle Pour Rien*, edições Albin Michel de 2002, colecção "biblio essais", página 103.

[18] *Idem*, página 104.

Com o passar dos anos, as comunidades dos campos de refugiados, inteiramente dependentes da ajuda alimentar e educativa das Nações Unidas, entraram em estado de revolta. Só podiam. Sem direito de retorno às suas terras, organizam-se. A partir de meados da década de 60, uma nova geração afasta as velhas lideranças clânicas e religiosas, e levanta-se. Arma-se, e não tardará a praticar actos de terrorismo. Na ausência de horizonte político, esse é o meio espectacular que encontra para fustigar a invisibilidade da sua causa. Essa geração, a de Arafat e da OLP [19], é apoiada pelos seus. Ninguém aceita constituir--se em "capítulo de ajuda humanitária" quando se tem a terra roubada mesmo ao lado.

A formação da consciência nacional palestiniana é filha de uma expulsão que adquiriu a dimensão de um êxodo de proporções bíblicas. A sua dramaticidade agrava-se pelo facto de ter sido provocada por homens e mulheres que reivindicavam a herança de outro êxodo, ocorrido dois mil anos antes, e agora resgatado como concretização de uma promessa divina. Dificilmente a imaginação humana poderia combinar melhor os condimentos da tragédia.

---

[19] Yasser Arafat (1929-2004). O líder histórico dos palestinianos nasceu no Cairo. Participou nas guerras de 48 e de 56. Funda a *Fatah* em 1959. Defende que a libertação da Palestina será obra dos palestinianos em 1965, realiza a primeira acção armada, criticada pela maioria das capitais árabes. Depois da derrota árabe na "guerra dos seis dias", a *Fatah* relança a luta armada. Em 1969, passa a liderar a Organização de Libertação da Palestina (OLP), que junta, no exílio, todos os partidos e facções palestinianas. Seguem-se duas décadas atribuladas. A partir de 1982, os dirigentes da OLP são forçadas ao exílio em Tunes. A vontade de regressar à Palestina contribui fortemente para a assinatura dos acordos de Oslo, em 1993. Em 1996, Arafat é eleito por sufrágio universal presidente da Autoridade Palestiniana. O seu objectivo continua a ser a criação de um Estado palestiniano com capital em Jerusalém, mas os acordos impõem-lhe um papel difícil – garantir nos territórios ocupados a segurança de Israel. Estes responsabilizá-lo-ão pelo fracasso desta "missão impossível". Ao mesmo tempo, muitos palestinianos criticam o seu autoritarismo e cobertura ao enriquecimento ilícito dos "tunisinos". Arafat passa os últimos anos num "buraco", dentro do palácio presidêncial, em Romellah, cercado pelo exército de Israel. Gravemente doente, deixam--no sair para um hospital de Paris, onde morre em Novembro de 2004.

A emergência de um povo em revolta vai agitar profundamente a vida política dos países com campos de refugiados. A do Líbano mais que nenhuma outra. A guerra civil, que devorou o país a partir de 1975, inicia-se com um massacre de 23 palestinianos às mãos de milícias cristãs de extrema-direita. Em 1978 e 1982, são actos praticados por grupos palestinianos que servem de pretexto a Israel para invadir o Líbano. Já então o objectivo de Telavive era "desarmar os terroristas" e "acabar com o Estado dentro do Estado"... Mesmo no mais recente conflito, a explosiva situação vivida na Faixa de Gaza influencia os acontecimentos. Há muito o Mundo devia ter percebido que sem Estado palestiniano, a região jamais conhecerá a paz.

Em face da revolta palestiniana, duas grandes correntes se definem no país dos cedros: uma é solidária com a causa, mesmo quando os *fedayin*, "os que dão a vida", picam o urso de Telavive a partir do seu país; outra, de direita, considera-os "estrangeiros" e só quer livrar-se deles. Ambas as facções convergem, porém, na recusa de cidadania aos refugiados. A primeira, porque não abdica do seu direito de retorno; a segunda, porque receia a alteração das relações de força inter-confessionais no país (os palestinianos são maioritariamente sunitas). Com o correr dos anos, a divergência transformou-se numa aliança entre indiferença e cinismo. Numa das minhas visitas, ouvi um responsável religioso xiita, Abdel Kabalan, explicar que "o Líbano é um país pobre que faz o que pode pelos palestinianos". Tive vontade de vomitar. Esse encontro decorria a umas centenas de metros de distância da Beirute de todos os luxos...

ILUSÃO

Nunca um país tão pequeno – o Líbano são dois Algarves... – acolheu tanta diferença. Mesmo a que chegou com os ventos poderosos de Ocidente.

O país dos cedros gosta de se apresentar como o único Estado árabe onde vigora a democracia liberal. Eis uma característica que definem como identitária. Na opinião da generalidade dos libaneses, essa democracia, porque multiconfessional, é mais aberta do que a de Israel, um Estado confessional. E, porque multipartidária, dá cartas ante os outros regimes árabes. Enfim, com segurança, apenas se pode escrever que o Líbano é, certamente, o mais "ocidental" dos países árabes.

Na economia, reteve de Ocidente o que mais convinha a Oriente. A "Suíça do Médio Oriente" é, acima de tudo, uma apetecível praça financeira, um *offshore* continental que prospera na paz e sobrevive aos tempos de guerra... De um certo ponto de vista, é uma nação *à la page*, que soube antecipar as actuais tendências da globalização. Mas do liberalismo só guardou o essencial – a ausência de fiscalidade digna desse nome. Do resto da tradição liberal, boa parte das suas qualidades continua arquivada. Por exemplo, não convém que duas pessoas de diferente confissão religiosa tenham o "azar" de se amarem. Não encontrarão no país lugar para se casarem...[20]

---

[20] Não existe casamento civil no Líbano. Se a "irregularidade" descrita ocorre, o par desloca-se a Chipre para aí regularizar a situação. Não se pense que é caso único. A endogamia confessional tem força de lei e de convenção social em todos os países da região, Israel incluído.

Sem receitas fiscais relevantes, não há Estado providência que se recomende. Como as políticas sociais são rudimentares, o "mecenato" realizado através das fundações religiosas e familiares – os *waqf* – é muito significativo. É ele que garante os mínimos de coesão social e assegura aos filantropos bilhetes de primeira para o reino dos céus. Este modelo de "sociedade-providência" é na realidade medieval e pré-capitalista. As grandes famílias proprietárias de terras e, mais recentemente, as que fizeram fortunas colossais noutros ramos da economia, asseguram uma protecção de tipo clânico a quantos e quantas dela dependem.

Sabe-se que as oligarquias árabes apreciam tanto a riqueza como a sua exibição. Fazem-no por feitio, mais do que por defeito. Uma e outra sustentam a coerência do sistema social e económico "comunitário". Se a riqueza da família do chefe de clã é o seguro de vida dos pobres que dele dependem, é a sua exibição a garantia pública de que aquela não faltará em caso de necessidade... No Líbano, as aristocracias feudais e as grandes famílias da burguesia comercial nunca abdicaram deste modelo de distribuição de riqueza e poder. Nem mesmo com a independência. O "sistema" sobreviveu à construção do jovem Estado. O poder central foi literalmente assaltado por um círculo restrito e fechado de grandes famílias das diferentes comunidades. Entre si, elas repartiram e repartem os recursos públicos e atribuem-se os lugares que alimentam as respectivas clientelas.

Como a força social e política das grandes famílias depende da sua capacidade redistributiva e da protecção que oferece em caso de guerra, o "sistema" exige um Estado fraco. Eis porque a economia e a sociedade libanesas são, ao mesmo tempo, antigas e moderníssimas. Idade Média e globalização do capitalismo encontraram-se no laboratório libanês. Ao que consta, é um casamento feliz e sem infidelidades

Com a guerra civil das décadas de 70 e 80, um novo clube se juntou aos poderes tradicionais: o dos que imigraram e regressaram ricos e muito ricos. Esta nova camada, e o mundo que à sua volta gravita, identifica-se com o sucesso à americana. Os novos-ricos, mais ainda do que os antigos, não admitem quaisquer limites públicos à sua liberdade de acção. O seu ocidente mora para lá do Atlântico, enquanto o das famílias tradicionais cristãs é herdeiro da "velha Europa". Podia esperar-se que a nova e moderníssima geração da burguesia americanizada arquivasse o "comunitarismo". Puro engano. Preferiu absorvê-lo como fonte de legitimação e garantia de perenidade.

As estradas de montanha ilustram, melhor do que os livros, a cultura de ostentação que liga antigos e novos vencedores. As moradias principescas que as bordejam são um autêntico catálogo de templos e palácios que imitam os da Antiguidade greco-romana. Por ali, não faltam as réplicas caseiras do *Parthénon* ou do Capitólio...

A figura libanesa que melhor ilustra a nova burguesia que soube agarrou a era do petróleo caro e o consequente *boom* da construção e da especulação financeira é, sem dúvida, Rafic Hariri. Filho de uma família sunita de operários agrícolas, aquele que virá a ser o principal primeiro-ministro do período posterior à guerra civil, emigra, em 1967, para a Arábia Saudita. Boatos afiançam que precisou de 300 dólares emprestados para a viagem. Verdadeiro ou falso, o facto é que, por artes que permanecem no segredo dos deuses, se transforma, em poucos anos, num dos principais construtores civis daquela monarquia petrolífera. Mais difícil ainda, consegue entrar no círculo dos Ibn Saoud, a família real saudita, e ligar-se ao príncipe herdeiro.

Na década de oitenta, o construtor civil Rafic Hariri estende o seu império por vários países e entra no mundo das finanças. Na qualidade de homem de confiança da Arábia Saudita, regressa várias vezes ao seu país natal. Discretamente, financia todas as milícias sem discriminações, aconselha Presidentes da República e primeiros-ministros, negoceia tréguas entre chefes armados e, lenta e cuidadosamente, lança as suas pontes para o pós-guerra. Com recursos inesgotáveis, cria em 1983 a sua própria fundação. Aposta, acima de tudo, nas bolsas de estudo. Em pleno período de guerra civil, Hariri deu a 31 mil jovens das várias comunidades, a oportunidade de estudos secundários, universitários e de pós graduação, quer no exterior do país, quer nas duas principais universidades libanesas – a de Saint Joseph e a Americana. Com contratos de obrigatoriedade de retorno, essa nova elite só lhe podia ficar eternamente agradecida.

Na viragem para os anos noventa, o generoso mecenas encontra-se numa invejável posição. Para os libaneses, é a prova viva de um milagre, o do sucesso em tempo de guerra. É também o maior construtor nacional de obras públicas, num país que se iria transformar, em breve, num imenso estaleiro. Três outras circunstâncias convergem para a sua ascensão ao poder: a cadeira que cabe aos sunitas, por acordo inter-comunitário, é a de primeiro-ministro; por outro lado, dezasseis anos de conflito armado tinham destruído as lideranças, antigas e recentes, dessa comunidade; finalmente, Rafic Hariri tinha, não apenas o apoio da Arábia Saudita, como o da Síria. O imigrante multimilionário vai ser o homem certo no tempo certo e no mais certo dos lugares. Nele se projectam todas as esperanças do pós-guerra. Em 1992, assume pela primeira vez a condição de primeiro-ministro. Com excepção de um curto período de dois anos, entre 1998 e 2000, renovará sempre os seus mandatos.

Instalado no *Grand Serail* de Beirute, o homem do milagre libanês usa o governo para ampliar os seus negócios. É ele quem parte e reparte o orçamento, as licenças e os empregos entre as grandes famílias libanesas. Construtor privado de obras públicas, atribui-se a si mesmo o "bife de lombo", ou seja, o centro de Beirute, seriamente danificado pelos anos de guerra. Para a sua reconstrução, cria-se, a *Solidére*, a quem um decreto atribui plenos poderes e competências sobre um milhão de metros quadrados, a que se vão adicionar mais 880 mil, conquistados ao mar. Rafic Hariri é, naturalmente, o accionista maioritário da nova sociedade.

Segundo um biógrafo laudatório, o multimilionário quer "entrar no panteão dos grandes construtores da História" e deseja que o seu nome "fique para sempre gravado na memória dos povos"[21].

---

[21] *Liban, le Chaos, Hariri Assassiné*, de Bassam Tayara, edições Albouraq, página 53.

O NASCIMENTO DE UMA NAÇÃO | 33

A *Solidére* não quis "coser" o destroçado coração da capital, respeitando a sua memória, nem sequer equilibrar o antigo com o moderno. O centro histórico era confuso, denso, feito de mil ruas e ruelas. A guerra criou a oportunidade de "transformar Beirute numa cidade sem alma, tendo por modelo a Arábia e o Mónaco". Esta é a opinião de Henri Eddé, um dos urbanistas de referência do Líbano, e que chegou a participar nos estudos preliminares do projecto. O que já está edificado ilustra a razão da sua crítica. Mas a divergência entre o urbanista e o construtor estava para lá da imagem que o novo centro deveria proporcionar, ou das funções que deveria preencher. O que mais irritou o Henri Eddé foi o facto de os "objectivos fundiários e financeiros condicionarem toda a reconstrução"[22]. Com efeito, a engenharia financeira do projecto praticamente expropriou os antigos 20 mil proprietários do centro histórico. Os *bulldozers* de Hariri não foram gentis com a velha burguesia comercial. Arrasaram mais de dois mil edifícios, em grande medida recuperáveis... e o que deles sobrou foi convertido em acções da *Solidére*, calculadas a um quarto do valor do futuro edificado. Todas as histórias da era beirutina do "faraó" – assim o classificou a revista económica francesa *Expansion* – são deste teor.

Bassam Tayara, seu biógrafo oficioso, não nega uma só das acusações factuais que, ao longo da década de 90, os críticos dirigiram ao homem forte do Líbano. Pelo contrário, descobre em cada uma razões suplementares de elogio. É verdade, escreve ele, "que a nova elite do poder e do dinheiro, composta pelas categorias enriquecidas da imigração e também por chefes de milícias, e gente que enriqueceu de formas ilícitas, se apropriou da cidade". E depois? Acaso não são "os atributos de poder deste tempo, o dinheiro, a alta finança e os instrumentos da sua frutificação?" É, portanto, "normal que quem os possua, tome o poder". "O mais forte toma o lugar do mais fraco"[23],

---

[22] *Idem*, página 57.
[23] *Ibidem*, página 73.

conclui o epígono, assim aplicando as leis da natureza à condição humana...

Em 2003, a revista *Forbes* estimava, a fortuna de Rafic Hariri em 4 mil milhões de dólares. Mas o maior construtor e segundo banqueiro do Líbano, vai ser assassinado a 14 de Fevereiro de 2005. O milagreiro transforma-se em mártir. Todas as forças, internas e externas ao Líbano, se movimentam. A exigência de esclarecimento da verdade sobre o crime toma as praças de Beirute. Entra em cena a "revolução dos cedros". Só mais tarde se perceberá que foi mais do que um golpe de Estado, e bem menos do que uma revolução. Mas não nos antecipemos.

A Beirute que os ocidentais visitam é a que se comprime entre a marginal e a velha avenida comercial, a Hamra, e a que se expande do centro financeiro para Este e para Norte. Essa Beirute, que foi poupada na guerra deste verão de 2006, parece-se com uma cidade do "lado de cá", embora de memória recente. Da Beirute oitocentista sobram pouco mais do que algumas ruas e vivendas e umas escadinhas que nostálgicos gostam de comparar às de Montparnasse. Se a História antiga se fez parca em vestígios, é porque a moderna, qual vulcão em fúria, a calcinou. À vez, guerra e *bulldozers* tudo varreram à passagem. Não é bonito, mas impressiona. A Beirute para ocidental ver tem a energia betonizada das cidades do terceiro mundo, a exibição de riqueza das cleptocracias árabes, e a gama completa dos artefactos e marcas da sociedade de consumo. Não fossem as feridas da guerra civil, dispersas pelos edifícios que ainda esperam a sua hora, e nada a distinguiria. Face às outras capitais árabes, as diferenças de Beirute são outras, de resto bem mais substantivas: boas livrarias, razoáveis festivais, grupos de teatro, centros culturais e pluralismo de informação. É a capital árabe que melhor aprendeu a respirar liberdade no espaço público.

A partir de quinta-feira à tarde, o quilométrico passeio ribeirinho enche-se de famílias e de grupos de jovens que não escondem sentimentos por detrás de cortinas de pudor. Os cafés e as esplanadas que pontuam a marginal podem ter, ou não, bebidas alcoólicas. Mas nenhum exclui as mulheres. A noite é burguesa e chique, mesmo espampanante. Não faltam restaurantes nem bares. Nas discotecas, ocidentalérrimas árabes saltam para cima dos balcões, os *barmen* imitam Tom Cruise em *Cocktail,* e o som martelado é o da moda. Nada ali falta que não se possa ver em Londres, Nova Iorque... ou Telavive. A jovem burguesia urbana não se cinge aos hotéis nem às festas privadas, como nas outras capitais árabes. A "Paris do Oriente" é realmente mais cosmopolita, vertiginosa e plural. Alia aos sinos das igrejas e aos apelos do *muezzlin,* os sons e as cores da vida moderna. Para o visitante ocidental, é um aperitivo com sabor a oriente. Para as famílias endinheiradas do mundo árabe, é um oásis de liberdade ocidental, onde o pecado não paga imposto.

Foi o país impregnado de modernidade? Talvez contaminado. Uma patine ocidentalizadora colou-se à sua pele e desenha a paisagem urbana. De Beirute para Norte, a profusão de publicidade estática ultrapassa todos os limites do bom senso. Naquela língua de terra aterraram todas as loiras e morenas bonitas do planeta, as conhecidas e as desconhecidas, em seus "bólides" e "espadas" de último grito. Quanto a eles, famosos ou incógnitos, mas igualmente belos, anunciam as bebidas alcoólicas interditadas nos países de rigorismo islâmico, ou os tabacos proibidos pelos novos integristas comportamentais de ocidente. No pequeno Líbano de influência cristã, todos os vícios que os moralistas de oriente e ocidente perseguem, disputam cada centímetro quadrado de espaço publicitário. Impressiona, garanto-vos. A sobre-exposição da sociedade de consumo, que se atenua radicalmente nas terras do Sul, não passa disso mesmo, de um mercado rico para esfomeados de diferença. Contudo, ajuda a popularizar a "ideia arejada do Líbano", que se generalizou entre as comunidades de origem cristã, e nas novas gerações urbanas, independentemente da confissão religiosa.

No espaço destas linhas não cabe, por economia de espaço, a descrição da visita de um turista acidental às outras beirutes de que

Beirute se faz. É uma viagem através de muros invisíveis. O olhar regista as mutações na paisagem, sem tempo para as descodificar. Faz *zapping*, saltando entre mundos que aparentemente não se tocam. Para cá e para lá de cada um deles, a cidade muda violentamente. Muda a qualidade da construção, o espaço reservado às praças e aos jardins, a publicidade urbana e, até, o modo como as pessoas se vestem e comunicam entre si. Cada comunidade agarrou o seu pedaço de cidade, os seus bairros, e deu-lhe regras. Estas diferenças ampliam-se consoante se viaja para o Norte ou para o Sul do país. Este é evidentemente mais seco, mais pobre e menos "ocidental". Mas é também menos desigual.

A violência dos contrastes sociais e urbanos que o olhar detecta é, inevitavelmente, superficial. A Norte ou a Sul, ele só pode intuir o que não se apreende à vista desarmada – a endogamia comunitária, o tribalismo, e até o velho sistema otomano que dá, a cada comunidade, o direito de exercer a sua própria justiça... Matizar é preciso. O Líbano é bem mais "ocidental" do que "moderno". Entre a realidade e a imagem de exportação, as diferenças não são de pormenor. Apesar disso, a imagem é bem mais do que o sonho inventado por uma elite cristã fechada sobre si e indiferente à sorte dos pobres. Nem os cristãos têm o monopólio dos ricos, nem as outras comunidades vivem apenas com pobres. E todas se "urbanizaram".

O Ocidente contaminou, embora com diferentes ritmos e intensidade, a sociedade no seu conjunto. Os mil laços que ligam o país à diáspora, cujas origens se perdem no tempo, jogou também o seu papel. Mas o verdadeiro impulso ocidentalizador foi o que, paradoxalmente, se desenvolveu a partir dos anos 50, pela mão do renascimento árabe. Samir Kassir [24] tem toda a razão quando sustenta, contrariamente a uma ideia feita, que "o arabismo ideológico que se

---

[24] Samir Kassir (1960-2005). Professor universitário, jornalista, historiador e activista de esquerda, advogou a liberdade para os palestinianos e a democracia no Líbano e na Síria. Kassir foi assassinado em Beirute, a 2 de Junho de 2005. A investigação ainda decorre. A suspeita incide sobre executores a mando das forças de segurança sírias. Damasco nega a acusação.

desenvolve após a irrupção colonial é, também ele, fruto do encontro com a Europa"[25]. O conceito de nação não existia entre os árabes até às expedições napoleónicas ao Oriente. Na bagagem de mão do colonizador não vinha apenas a prepotência, a pilhagem de recursos e a corrupção. Vinham também ideias, novidades e invenções. Por outro lado, a necessidade de formação de elites locais leva até às capitais europeias alguns estudantes árabes, que tomam contacto com realidades que desconheciam. Neste encontro desigual, atribulado e não raro violento, as ideias de nação, Estado laico e *welfare*, que já incendiavam a Europa, alastram ao Médio Oriente. E se a primeira vaga desta encruzilhada, ainda no século XIX, provoca a *Nadha*, ou renascimento, é a segunda, já em pleno século XX, que toma à Europa os temas caros ao movimento operário e social-democrata.

"A política passa a enunciar-se", diz Kassir, "em termos importados, quer se trate das 'massas', da 'revolução' ou do 'socialismo'"[26]. Esta viragem conquista o coração e a *inteligentzia* das novas gerações, independentemente das suas origens religiosas. No Líbano, onde o pluralismo cultural é realidade e destino, a sede de mudança vai ser tão insaciável quanto intratável. Mergulha na guerra como forma de se realizar. Mas antes de nos determos na longa guerra civil dos anos 70 e 80 deste século... convém recuar à que a precedeu um século antes.

A ideia de que os cristãos são os guardiões de um Líbano entendido como pérola de Ocidente a Oriente, remonta ao século XIX e é indissociável da presença francesa. Em certo momento, Paris chegou mesmo a alimentar o sonho de um pequeno reino cristão. Se esse projecto morreu – só Israel o tenta, ciclicamente, ressuscitar –

---

[25] *Considerações Sobre a Desgraça Árabe*, página 97, edição portuguesa, Livros Cotovia, 2006.

[26] *Idem*, página 98. Samir Kassir conheceu bem esse mundo que decidiu descrever com dor e enorme cepticismo, pouco antes de ser assassinado. As suas origens políticas remontam ao Partido Comunista Libanês.

38 | NO LABIRINTO

ficou "um sentimento de superioridade maronita face a drusos e xiitas"[27].

Entre 1840 e 1861, as montanhas do Monte Líbano são palco de violentas guerras tribais e *jacqueries* contra as grandes famílias feudais. Na origem deste longo conflito descobre-se a intromissão das duas potências do Ocidente na região: a França e a Inglaterra. Num primeiro momento, o Pachá do Cairo e seu filho, respectivamente Muhammad e Ibraim Ali[28], são forçados a retirar as suas tropas do Líbano em troca da manutenção da autoridade da família sobre o Egipto. A consequência do recuo foi a queda do emir Bashir Chehab II[29], seu

---

[27] Frase retirada de *Le Moyen Orient Eclateé, 1956-2006*, de Georges Corm, edições Gallimard, 4.ª edição actualizada, página 416. Sugiro a quem domine a língua francesa e se interesse pela História contemporânea do Médio Oriente, a leitura desta narrativa de mil páginas, notavelmente bem documentada e argumentada. De família cristã, Georges Corm, ministro das Finanças do Líbano entre 1998 e 2000, é consultor económico internacional e colabora irregularmente com o *Le Monde Diplomatique*.

[28] Muhammad Ali (1769-1849) ou Mehmet Ali. Albanês de origem, foi militar e negociante de tabaco, antes de assumir o cargo Pachá no Cairo, em 1805. Governou durante 44 anos. Mehmet Ali é o precursor da *Nahda*. Chega ao Cairo na expedição anglo-otomana que expulsa as tropas de Napoleão. Como vice-rei do Egipto, livra-se dos opositores, antes de se envolver em grandes obras de renovação da capital e criar os fundamentos da agricultura de exportação, com base no algodão. Transformou as redes de irrigação, abriu estradas e ligou o Cairo ao Suez por via férrea. O controlo das rotas de comércio levou o seu corpo de janíssaros ao Sudão, onde funda Khartum, ao Hejaz e à ilha de Creta. Toma Meca e Medina, as duas principais cidades santas do Islão. Ao mesmo tempo, o seu filho conquista a Síria e a Palestina. Era demais para os ingleses, que se aliam a Istambul para derrotar quem lhes disputava o monopólio das rotas com a Índia. Este visionário modernista, tolerante na paz e inflexível na guerra, acabou por ceder à coligação de potências que contra ele se formou.

[29] Bashir Chehab II (1767-1850). Emir libanês, governou o Monte Líbano na primeira metade do século XIX. Reformou o sistema de impostos da montanha e procurou quebrar o sistema feudal. Aliou-se a Muhammad Ali e a seu filho, que se tentavam liberta-se da autoridade da Sublime Porta. Quem socorre os otomanos é a Inglaterra, que incita à revolta o principal rival de Chehab II, o druso Baschir Jumblatt. Na luta, o emir cristão ganha vantagem sobre o líder druso. Mas em 1840, com o recuo do seu protector cairota, Chehab II é capturado e exilado em Malta. Cem anos depois, é um descendente do emir, Fouad Chehab, que é eleito Presidente da República, depois de proclamada a independência.

protegido. Última grande figura de uma linhagem ilustre de emires convertidos ao cristianismo (os *Chehab* eram originariamente sunitas), repartia o domínio do Monte Líbano com a aristocracia drusa. Com a Inglaterra a espicaçar esta, a guerra civil tornou-se inevitável. Seguem-se 20 anos de caos e anarquia. Não era a primeira vez nem, como se sabe, a última.

Nas terras cristãs, a desarticulação da economia rural, sob o efeito conjugado das guerras e da abertura do Levante às sedas francesas de Lyon, acrescenta ao conflito inter-comunitário uma revolta camponesa intra-comunitária, dirigida contra os senhores da guerra, que eram também os maiores proprietários de terras. No século XIX, o tempo libanês ainda era o das *jacqueries*.

Em 1861, as tropas francesas desembarcam para "defender a cristandade". A intervenção termina num acordo entre as potências ocidentais e a Sublime Porta. Aí se consagra, pela primeira vez, a obrigatoriedade de nomeação de um cristão para a cadeira de governador de um território que continuava, ainda, formalmente otomano. O privilégio outorgado por arbitragem externa deu vantagem aos líderes cristãos.

Uma progressiva ambivalência identitária, entre arabicidade e abertura a Ocidente, começa a contaminar as comunidades cristãs. Essa bipolaridade não toca apenas os redutos cristãos das montanhas. Desenvolve-se em Beirute e nas cidades costeiras de forte implantação maronita, que eram também as mais beneficiadas pelas políticas públicas e pelo incremento do comércio marítimo. As regiões do Líbano que ficaram fora dos *Caimacamates* (distritos) cristão e druso são "deixadas por conta". As desigualdades regionais amplificam, assim, a desigualdade social e comunitária.

Os sentimentos de superioridade cristã fundem-se com o poder do dinheiro. A posição cimeira cristã na hierarquia inter-confessional vai ser confirmada em 1920, quando é proclamada, no *Palais des Pins*, a independência do "Grande Líbano", sob o olhar protector do governador francês. Os xiitas, maioritários no Sul e no vale da Bekaa, só em 1926 adquirem estatuto de "comunidade". Este reconhecimento

40 | NO LABIRINTO

tardio não elimina as disparidades regionais que o século XIX agravara, nem a memória de séculos de dificuldades. O renascimento xiita que é, desde os anos 70, um fenómeno irreversível, não mergulha as suas raízes em Teerão. Alimenta-se, isso sim, das profundezas do esquecimento e da injustiça a que foram votados por uma História otomana e libanesa.

Do mesmo modo, não se deve incorrer no equívoco de reduzir a presença francesa no Líbano à generosa vontade de proteger a "sua" cristandade. Durante séculos, a política externa de França foi marcada pela aliança com a Sublime Porta. O motivo desta *sagesse* é fácil de entender: entre Paris e Istambul ficavam os extensos domínios do Império Austro-Húngaro... "A política da França no Oriente não foi concebida em função do Oriente, mas da sua situação na Europa. É para aí se manter de pé que desembarca no Oriente", sustenta o teólogo maronita Youakim Moubarac, seguramente o mais importante historiador da sua comunidade [30]. Noutra passagem, o mesmo autor matiza a ideia de uma aliança religiosa entre a França e os maronitas. Segundo ele, não eram os cristãos de oriente que determinavam as relações de França com os otomanos, mas o inverso. A política francesa para a região era muçulmana, e os árabes cristãos nunca foram mais do que uma variável dessa equação.

Na bandeira do Líbano, um cedro alto e suave, feito de sucessivas camadas de folhagens protectoras, ocupa o lugar central. É uma árvore bonita. Mas no Líbano, o cedro já era. Sobram doze, exactamente doze, num parque situado a quase três mil metros de altitude, onde a montanha se pinta com o branco das neves eternas.

O símbolo do Líbano é mito e História antiga. De madeira de cedro se fez o caixão de Osíris. E de cedro são os sarcófagos de tantas

---

[30] *Youakim Moubarac, un Homme d'Exception*, edição da Librarie Orientale, 2004, página 123. Youakim Moubarac escreveu uma gigantesca pentalogia sobre a história maronita no Líbano. Este livro, editado por ocasião do décimo aniversário da sua morte, selecciona vários desses textos.

figuras reais do antigo Egipto. Esta árvore de deuses e faraós é também a da Bíblia, porque foi a ela que Salomão recorreu na construção do primeiro dos Templos dedicados ao Deus único dos hebreus. Com tantos atributos, compreende-se por que só as lendas e as gestas resistiram aos machados predadores. Esta árvore-que-quase-já-não-existe, que é memória e saudade, atira o viajante para um "outro Líbano" – montanhês, tribal e clânico – que se julgaria perdido nas gavetas da História. Mas não. Continua a chegar-se aí por estrada rodopiante, traçada nos limites de ravinas e gargantas de mil metros.

Da costa para o parque dos cedros e para a cidade de Bsharri, a 2.500 metros de altitude, o caminho é marcado por cruzeiros e alminhas, não vá o diabo tecê-las. Estamos no Norte, em terra cristã. Por aqui, a língua de Jesus – o aramaico – ainda era corrente há 200 anos. Virgens e santos não são as únicas figuras que sinalizam a ascensão. Cartazes e panos de Samir Geagea e sua esposa decoram os postes de electricidade e as vilas e aldeias da longa subida. Aquela montanha é um reduto, o território onde a família que dirige as *Forças Libanesas* [31] obtém percentagens de votos só comparáveis às de um ditador em regime de partido único.

A vivenda do casal situa-se para lá dos últimos cedros e da cidade. Um "posto de fronteira" e uma milícia civil armada cortam a estrada que se dirige para o topo de uma montanha que, em Maio, ainda se apresenta com farrapos de neve. A partir dali, só passam amigos ou

---

[31] As *Forças Libanesas*, hoje um partido político, nasceram em 1976, em plena guerra civil, como braço militar unificado da Frente Libanesa que se opunha ao Movimento Nacional Libanês, de orientação palestino-progressista. Fundadas por Baschir Gemayel, uniram vários grupos armados cristãos, que se vinham formando desde 1968. Após os acordos de Taef, que puseram termo à guerra civil, em 1989, as *Forças Libanesas* foram desarmadas, mas a relação com a tutela síria continuou litigante. Em 1992, lideram um movimento de boicote às eleições. Com forte implantação na região montanhosa de Bhsarri, esta formação de extrema-direita elegeu seis deputados em 2005, incorporados no "bloco do 14 de Março", liderado por Saad Hariri, filho de Rafic Hariri.

42 | NO LABIRINTO

convidados do líder da extrema-direita. Um pórtico electrónico completa, antes da porta de entrada, o sistema de segurança. Já dentro de casa, Samir Geagea é servido por vários assistentes de fato e gravata, que o tratam com deferência siciliana. Não estranhe. Os Geagea não são caso único.

Os principais políticos libaneses vivem em lugares de nenhures. É nas suas vivendas ou palácios que dão as conferências de imprensa com que incendeiam as paixões. Razões de segurança restringem ao mínimo a liberdade de movimentos. Não é caso para menos. A lista de assassinatos políticos nas últimas cinco décadas é impressionante e inclui vários presidentes e primeiros-ministros. Nos últimos dois anos, muita coisa mudou no Líbano, mas a saga das execuções extra-judiciais continua. Os chefes vivem, portanto, em prisões doiradas. Há uma certa justiça divina neste castigo terreno. Samir Geagea e tantos outros são reféns do papel que um dia, por conquista ou sucessão dinástica, abraçaram: o de *chefes* de clã. As suas vidas respondem pela comunidade que protegem. E porque assim foi ao longo dos tempos e assim continua a ser ainda hoje, esse é o primeiro e o último critério de cada uma das suas decisões políticas. Os que, em algum momento, tentam superar este destino, têm por hábito chegar ao cemitério mais cedo do que gostariam.

Samir Geagea é um chefe de montanha. História e lenda acompanham a vida deste homem de 54 anos, que passou onze na cadeia, seis dos quais em solitária. Num processo de mais que duvidosa legalidade, foi condenado por crimes que terá cometido e por outros que ninguém provou serem seus. Digamos que pagou pela sua quota de brutalidades na guerra civil... e pela de todos os outros que não foram parar atrás das grades.

Magro e de rosto marcado, entrou novo para o *Partido da Falange* [32]. Em 1977, as crónicas referenciam-no como um dos

---

[32] A Falange Kataeb, ou Partido Social Democrata, foi fundada em 1936 por Pierre Gemayel. Tinha como slogan "Deus, Pátria e Família", mas, na realidade, era um movimento nacionalista e anti-colonial de base cristã. Só adquire influência

O NASCIMENTO DE UMA NAÇÃO | 43

comandantes das recém-criadas *Forças Libanesas*, braço armado de sinistra memória. Muitos dos milicianos são, como ele, de Bashrii. Os comandos de Geagea, além de combaterem palestinianos, drusos e comunistas, especializaram-se na liquidação de rivais no campo cristão. A guerra civil teve energia bastante para absorver várias guerras em simultâneo. Nas comunidades cristãs, elas fizeram-se ao jeito da mafia, varrendo em série e eliminando sobreviventes que pudessem, um dia mais tarde, ajustar contas. Os Frangieh e os Chamoun, ilustres famílias tradicionais cristãs com presidentes e ministros nas respectivas árvores genealógicas, nunca o esquecerão.

Vendettas e circunstâncias da guerra permitem que, em meados dos anos oitenta, Samir Geagea se apodere das *Forças Libanesas*. Financiamentos e armas chegam de Telavive e de Bagdade... O fio que une tão opostos apoios é o ódio comum a Damasco. Não se pense, contudo, que os sentimentos comandam a política libanesa. O ódio à Síria não impediu o montanhês de travar a última das suas guerras, em 1990, contra o general cristão, Michel Aoun, que se recusou a aceitar a tutela de Damasco sobre o país...

Ao longo de uma hora de conversa, nunca Samir Geagea admitiu arrependimento. Lá explica que passou "a compreender melhor os seus carcereiros" e que se sente hoje "mais tolerante". Mas não reconhece erros ou crimes. Nem precisa. Durante os anos de cativeiro, atravessou a grande porta que lhe permitiu atingir "a outra dimensão da vida, a que se situa para lá da realidade". Na prisão, discorre, "os dias passavam rapidamente". Aí "revi tudo o que de Oriente para

---

significativa na década de 60 porque se assume como ferozmente anti-palestiniano. Integra a Frente Libanesa no início dos anos 70 e está na origem do seu braço armado, as *Forças Libanesas*. O homem-forte desta articulação é Bashir Gemayel, filho do fundador da Falange. A morte de ambos, na primeira metade dos anos 80, divide a Falange e as *Forças Libanesas* em facções rivais. Estas passam a ser dirigidas por Samir Geagea; a Falanje cairá nas mãos de famílias cristãs aliadas da Síria. Só em 2005, no quadro de uma reconciliação, Amine Gemayel, também filho de Pierre Gemayel, e Presidente da República durante o "consulado" israelita, assume a presidência do partido, que tem hoje uma influência modesta nos meios cristãos.

Ocidente havia para ler em matéria de religião e novos ramos da psicologia". Desenvolveu, portanto, as suas "antigas inclinações místicas". Nos seis metros quadrados em que vivia, três andares abaixo do nível do solo, teve "a ocasião e a pressão" para atingir "a dimensão espiritual dos profetas e grandes místicos". "Não é por acaso que os eremitas vão para o frio e o isolamento. Só assim se passa para a outra dimensão", garante.

Libertado na sequência de uma amnistia proclamada a 18 de Junho de 2005, Samir Geagea está de regresso à política. Mais "místico". Mas sem esquecer a regra de ouro do ar que se respira nas alturas: "Em política a única coisa que conta é a balança de forças"...[33]

---

[33] Todas as frases entre aspas foram retiradas das notas do encontro que mantive com ele, a 3 de Maio de 2006, no âmbito da visita de uma delegação de deputados europeus ao Líbano.

LOUCURA

Entre 1975 e 1990, o Líbano foi assaltado pela loucura. Inicialmente, o conflito colocou de um lado palestinianos e esquerda secular e, do outro, comunitaristas "pró-ocidentais". No dizer de Georges Corm, "nessa Primavera de 1975, Marx, Lenine, Che, Mao Tsétung e Gamal Abder Nasser marcaram encontro em Beirute para fazer face aos *complots* do imperialismo, do sionismo e da 'reacção' árabe contra a resistência palestiniana que encarna a 'vontade revolucionária' da nação árabe"[34]. A linguagem é a do tempo, mas este, quando a guerra se declara, já era outro: no Médio Oriente, o Egipto tinha enterrado o machado de guerra com Israel, a crise petrolífera havia sido absorvida pelo Ocidente, e os palestinianos estavam mais isolados do que nunca.

Apesar do contexto regional desfavorável, ao fim de um ano de guerra civil, as forças progressistas dominam 70 por cento do território e estão às portas da vitória. É o exército sírio que, com cobertura da Liga Árabe e benção ocidental, entra no país para travar o avanço revolucionário. Damasco traía aqueles que armara e de quem, em teoria, estaria mais próximo. Boa parte da esquerda libanesa jamais lhe perdoará[35]. Ela entra na guerra em apoio aos palestinianos, que

---

[34] *Le Moyen Orient Eclateé, 1956-2006*, página 427.

[35] Ainda hoje a Esquerda Democrática, com origem no Partido Comunista Libanês, determina toda a sua política em função da oposição ao regime de Damasco. Tem um deputado, eleito por Tripoli, nas listas da aliança liderada pelo filho de Rafic Hariri. Trata-se de Elias Atallah, comandante da resistência durante o cerco de Israel a Beirute, em 1982. Vive na clandestinidade. Duas outras figuras de destaque desta

46 | NO LABIRINTO

tinham no Líbano a sua última praça armada em todo o Próximo Oriente. Mas queria também pôr cobro ao poder das grandes famílias que se tinham apropriado dos centros de decisão do país. Um Estado laico, democrático e socializante era o seu programa.

Esta tripla promessa adquiriu rosto e alma com Kamal Jumblatt. Herdeiro da mais insigne família drusa do Monte Líbano, foi um dos raros políticos libaneses que superou o ferrete tribal do nascimento. O estatuto aristocrático está ainda presente quando se casa com May Arslan, filha do príncipe Shakib Arslan[36]. Ou nos diplomas e graduações universitárias que obteve, das Artes ao Direito, passando pela Sociologia e a Psicologia. Kamal Jumblatt foi preparado e educado para emir da sua comunidade. Eleito deputado em 1943, renova por oito vezes o mandato. Atravessa ainda a paleta das pastas ministeriais, sem por isso deixar de dirigir a oposição socialista às grandes famílias cristãs que dominam as primeiras décadas da independência[37].

_____

corrente, o jornalista Samir Kassir e George Hrawi, antigo secretário-geral do PCL, foram assassinados em 2005.

[36] Shakib Arslan (1869-1946), príncipe druso da principal família rival dos Jumblatt. Conhecido como Amir al-Bayn, ou "príncipe eloquente", foi, além de chefe político, escritor, poeta e historiador. Arslan ligava a reforma do Islão ao renascimento da Sublime Porta, para contrariar a influência das potências ocidentais. É um reformador pan-islamista e nisso se distingue do renascimento árabe proposto pela *Nadha*. O desencontro responde a uma diferente avaliação da ingerência externa. A *Nadha* respondia ao colonialismo com o nacionalismo, mas era atraída pela modernidade que aquele trazia consigo; o pan-islamismo emergente, pelo contrário, opunha a reforma religiosa à influência ocidentalizadora. Se bem que as correntes fundamentalistas actuais se referenciem a esta segunda variante, ela continha elementos reformadores que, não raro, se misturaram com a *Nadha*. Arslan, em particular, utilizava quase indistintamente os conceitos de islamismo e arabismo.

[37] A natureza confessional da democracia libanesa faz com que os seus governos sentem à mesma mesa todos os principais partidos, que, com raríssimas excepções, são extensões de grandes famílias.

Culto e laico, acompanha os anos de glória do nacionalismo árabe: esteve com Gamal Abdel Nasser[38] na crise do Suez, em 1956[39]; contra os *marines* norte-americanos que desembarcam em Beirute, em 1958, para salvarem o regime; no apoio aos palestinianos durante a década de 60; e na linha da frente da legalização do partido comunista em 1970. Com este trajecto, afirma-se como figura de proa de um vasto movimento transversal às comunidades, em nome de um país mais moderno e socializante.

Vários analistas consideram que, apesar deste invejável *curriculum*, Kamal nunca se libertou do seu lado tribal. Ele tinha uma "mistura

---

[38] Gamal Abdel Nasser (1918-1970). Seguramente o mais importante protagonista do mundo árabe da segunda metade do século passado. Governou o Egipto de 1953 até à morte. O primeiro grande acto deste oficial de origem camponesa foi a nacionalização do canal do Suez (1956), em resposta à decisão norte-americana de não financiar o seu verdadeiro sonho: a construção da barragem de Assuão. Este mega--projecto, que entrou em funcionamento em 1970, electrificou o país e viabilizou uma reforma agrária que pôs cobro à grande propriedade fundiária. A barragem realizou--se com apoio soviético, porque o ocidente apostara no isolamento do mais popular líder laico do mundo árabe. Nasser aceitou ainda uma efémera associação com a Síria (a República Árabe Unida). A sua estrela empalideceu no final da vida, em consequência da derrota árabe na guerra dos seis dias (1967). As exéquias resgataram obra e homem: cem anos depois de Methmet Ali, todo o país chorou o segundo grande impulsionador da modernização do Egipto.

[39] O segundo conflito israelo-árabe desenrola-se em torno da propriedade do canal do Suez. Em Julho de 1956, Nasser anuncia a nacionalização. Em Outubro, Israel ocupa o Sinai, enquanto franceses e ingleses bombardeiam e desembarcam tropas no Egipto. Só a pressão conjunta dos EUA e da URSS força a retirada. Esta guerra marca o ocaso da França e da Inglaterra na região, vazio que será ocupado pelos Estados Unidos e pela emergência dos nacionalismos árabes com cobertura da URSS. Com a nacionalização do Suez, Nasser transforma-se no mais popular líder árabe e em figura de referência do "movimento dos não-alinhados" criado em Bandung (Indonésia), em 1955. Egipto, Síria, Iraque e Iémen, em diferentes graus, passam a contar com o apoio de Moscovo. A Jordânia e o Líbano só escapam à radicalização do nacionalismo árabe porque *marines* americanos e ingleses entram nesses países. Por oposição a esta vaga de fundo, Israel "trai" as expectativas da URSS, e emerge como principal aliado das potências ocidentais na região. Durante a guerra da Coreia, consolidara essa posição ao colocar os seus portos, aeroportos e bases militares à disposição dos EUA.

de tradição e modernidade que fascinava"[40]. Em que medida a perda da hegemonia drusa, nas guerras do século XIX, pesou na sua decisão de pegar em armas contra os redutos maronitas? Nunca se saberá, porque, entretanto, o príncipe da esquerda pró-palestiniana foi assassinado. O crime ocorreu poucos meses depois de um encontro de nove horas entre o líder druso e o presidente sírio, Hafez al-Assad[41]. Terá Kamal Jumblatt, quando abriu o seu coração ao ditador sírio, sido particularmente áspero com a direita cristã? Ter-lhe-á contado histórias antigas de rivalidades montanhesas? É possível. Hafez al-Assad explicou do seguinte modo a decisão de intervir na guerra civil libanesa: "Armei os partidos de esquerda e os palestinianos para que se pudessem defender. Não os armei para que partissem em guerra contra os cristãos e não permitirei o massacre dos cristãos"[42].

Outros aspectos podem ter incomodado ainda mais Hafez al-Assad. O cenário de um Líbano caótico e revolucionário ao lado do poderoso Estado de Israel não o podia deixar tranquilo. As consequências acabariam por aterrar em Damasco e sem que a cidade

---

[40] *Le Moyen Orient Eclateé, 1956-2006*, página 448.

[41] Hafez al-Assad (1930-2000). Presidiu aos destinos da Síria de 1971 até à morte. Fê-lo com doses variáveis de inteligência e brutalidade, dominando o partido *Baath* e uma oligarquia militar recrutada na região dos alauítas, de onde era originário. De origem humilde, filia-se com 16 anos no partido nacionalista e frequenta a academia militar onde, com outros militares revolucionários, forma o núcleo duro do partido. Em 1958 opõe-se à união entre a Síria e o Egipto que, em sua opinião, consagrava a hegemonia de Nasser. É preso. A União dissolve-se em 1961, e três anos depois uma coligação de partidos de esquerda ganha as eleições sírias. Em 1966, os baathistas fazem um golpe de Estado e Hafez el-Assad é nomeado ministro da Defesa. Na viragem para os anos 70, o partido é de novo lacerado pela antiga divisão entre pan-árabes de extrema-esquerda e "pragmáticos" nacionalistas. Assad lidera os segundos e ganha, após sangrentos combates. A militarização do regime é, desde então, uma constante. Apesar disso, a Síria mantém uma invulgar abertura social, cultural e económica. A interferência no Líbano foi outra das constantes de Hafez el-Assad. Morreu de ataque cardíaco... quando falava ao telefone com o seu homólogo libanês, Emile Lahoud.

[42] Memórias de Ghassan Tuéni, antigo embaixador do Líbano nas Nações Unidas, e jornalista e patrão de imprensa, em *Un Siècle Pour Rien*, página 214.

tivesse voto na matéria. Ghassan Tuéni, antigo embaixador libanês nas Nações Unidas, teve acesso à correspondência diplomática síria desse ano de 1976. Lembra-se que Damasco teve o cuidado de avisar "a América, e por seu intermédio Telavive, da intenção de enviar tropas para o Líbano com a finalidade de pôr cobro às hostilidades. Não era, portanto, um acto que Israel pudesse considerar ofensivo. Telavive deu o seu acordo, desde que as tropas sírias não ultrapassassem as chamadas 'linhas vermelhas' no Sul do Líbano e que seguiam, detalhadas, sobre mapas"[43]. Começava aqui o que os israelitas definem como a *open game strategy* do Médio Oriente.

Finalmente, o ditador sírio não podia apreciar particularmente o projecto de Estado laico e democrático com que Jumblatt sonhava. As provas de virtude contaminam além-fronteiras. Enfim, por esta ou por aquela razão, todos os cenários de vitória dos progressistas se abriam ao imprevisível. Em 1976, Damasco intervém para evitar o que mais detesta, o desconhecido.

Com a morte de Jumblatt, a coligação palestino-progressista transforma-se progressivamente em islamo-progressista. A diferença não é de semântica. O já citado Georges Corm critica asperamente uma esquerda que acusa de ceder à linguagem religiosa e que caricaturiza a "luta de classes", reduzindo-a a um conflito entre cristãos e muçulmanos – onde estariam, de um lado a burguesia, do outro o proletariado... Mas, principalmente, distancia-se da estupidez: "Generalizar os combates e o caos era, para os palestinianos, privarem--se do único Estado árabe onde dispunham de total liberdade ideológica e militar. Para os libaneses, a guerra regulava novamente pelo sangue os contenciosos históricos que a influência colonial europeia tinha criado entre as comunidades"[44]. Assim foi. Mas os erros de desespero raramente se determinam apenas por razões endógenas. As milícias cristãs, que começaram a armar-se ainda na

---

[43] *Idem*, página 230.

[44] *Le Moyen Orient Eclateé*, 1956-2006, página 432.

década de 60, e com prestimosa colaboração israelita, aplicaram aos territórios sob seu controlo uma ordem de tipo fascista, que impôs a homogeneidade comunitária. Desta ferida, aliás, o país nunca mais recuperar.

O conflito só não deriva para uma clássica guerra inter-comunitária, porque ele é, também, intra-comunitário e geracional. As disputas violentas nas comunidades cristãs, brevemente referenciadas acima, têm paralelo entre sunitas, xiitas e palestinianos. Por todo o lado, a guerra varre as lideranças tradicionais, abala poderes feudais e levanta gerações de guerreiros. Os chefes milicianos adquirem, de armas na mão, direito de entrada no clube privado que antes dirigira o Líbano. A guerra, que começou por ser contra a plutocracia que se apropriara do sistema comunitarista, acaba por se transformar no meio que este encontra para, renovando-se... sobreviver.

Israel adiciona, a partir de 1978, uma nova guerra às guerras da guerra civil. Vários historiadores coincidem na opinião de que as invasões de 1978 e 1982 foram inicialmente toleradas por segmentos importantes da população do Sul, cansada da arbitrariedade dos grupos armados palestinianos. A primeira invasão, de 25 mil homens, gera uma fractura nas Forças Armadas libanesas e faz nascer um grupo armado – o Exército do Sul do Líbano [45] – que, antes de revelar a sua natureza proto-fascista e pró-israelita, gozará de algum apoio popular.

---

[45] O Exército do Sul de Líbano foi uma milícia criada por um dissidente do exército libanês, o major Saad Haddad, essencialmente composta por cristãos. A invasão israelita de 1978 permitiu que o grupo adquirisse controlo sobre uma vasta área do sul do país. Em 1979, Haddad proclamou esse território como "Líbano Livre Independente" e, em 1980, rebaptiza o seu exército privativo, que passa a chamar-se Exército do Sul do Líbano (SLA). O SLA esteve sempre com Israel, que por sua vez o armou e formou. Quando, em Maio de 2000, Israel sai do Líbano, entrega as posições ao SLA. Mas este desmorona-se em face do avanço fulminante do *Hezbollah*. Muitos membros do SLA fugiram para Israel, outros entregaram-se e foram julgados por tribunais militares.

A invasão de 1982, a quarta desde a proclamação da independência, é avassaladora. O exército sírio é incapaz de a suster. No vale da Bekaa, a 9 e 10 de Junho, os *Mig's* de fabrico soviético e as baterias anti-aéreas que Damasco aí colocara são destruídos em horas. Enquanto acantona a Síria, o *Tsahal* chega, em menos de um mês, às portas de Beirute. A 3 de Julho, a operação "Paz na Galileia" inicia um cerco à capital que dura dez terríveis semanas. A zona ocidental é castigada por bombas de *napalm*, fósforo e fragmentação. É aí que se concentra a resistência palestiniana e progressista.

Inicialmente, Telavive proclamou o objectivo de criar uma "zona de segurança" de 30 a 40 quilómetros entre a fronteira e o rio Litani, acabando, aí, com as armas palestinianas. Os objectivos e argumentos de então parecem tirados a papel químico dos invocados... no Verão de 2006, ou vice-versa. Ariel Sharon[46], que então era ministro da Defesa, só mais tarde revelará a verdadeira razão para o cerco à capital libanesa, situada muito para lá da referida "zona de segurança": "Destruir totalmente e para sempre os terroristas da OLP"[47].

---

[46] Ariel Sharon (1928). Filho de imigrantes eslavos, entra aos 14 anos na *Haganah*. Educado nos princípios do socialismo nacionalista de Ben Gurion, assumirá muitos anos mais tarde a direcção do partido *Likud*, de direita, de onde sairá em 2005, para formar um novo partido ao centro, o *Kadima*, vencedor das últimas eleições em Israel. Sharon participa na guerra de 1948. Cinco anos mais tarde, funda a unidade de comandos 101, de triste memória. Dinamitou, casa a casa, uma aldeia jordana, com os seus habitantes, em retaliação contra o assassinato de uma família judaica de Yehoud. Foi apenas o primeiro de uma série de massacres que o levam ao topo da hierarquia militar. Em 1982, é forçado a demitir-se na sequência da sua responsabilidade pelos que ocorreram em Sabra e Chatila, no Sul de Beirute. Nunca abandonou a política. Em 2001, visita a Esplanada das Mesquitas em Jerusalém. Esta provocação aos árabes condu-lo ao cargo de primeiro-ministro. Enterra então os acordos de Oslo, isola Arafat e inaugura uma nova política, o "unilateralismo". Com a construção do muro e a retirada de Gaza, define o seu entendimento das fronteiras de um futuro mini-Estado palestiniano. Contestado no interior do seu partido, forma o *Kadima*, mas entretanto adoece gravemente.

[47] *«Les 100 Clés du Proche Orient»*, página 257.

52 | NO LABIRINTO

Ante a violência do ataque, Arafat capitula. A 30 de Agosto de 1982, 15 mil combatentes palestinianos despedem-se de Beirute num desfile em que levam consigo apenas as armas pessoais. A derrota teve a dignidade dos grandes momentos, mas era severa. Para a OLP seguia-se um longo exílio em Tunes.

Enquanto decorre a partida dos palestinianos, soldados israelitas escoltam dezenas de deputados libaneses, na sua grande maioria cristãos, até ao parlamento. Na ordem do dia consta um único ponto: a eleição de Bashir Gemayel[48], o líder armado da extrema-direita, para Presidente da República. O ocupante ganha, fulminante, em todos os tabuleiros.

Antes da invasão, Israel tivera o cuidado de receber, em Washington, luz amarela de Alexander Haig para a sua operação[49]. Tanto quanto

[48] Bachir Gemayel (1947-1982). Advogado beirutino, filho de Pierre Gemayel, o fundador do partido da Falange, ficou marcado pelo facto de, em 1970, ter sido raptado por um grupo de activistas palestinianos. Lidera a divisão para-militar do seu partido, e em 1974 funda o "esquadrão BG", uma milícia libanesa privativa de combate à OLP. Este é um dos grupos armados que se fundem nas *Forças Libanesas*. A polarização anti-palestiniana leva-o a realizar vários acordos com Israel, que lhe fornece armamento. Na sequência do cerco a Beirute, é o "eleito" de Telavive para o cargo de Presidente da República... do Líbano. Eleito por estreita margem (57 votos em 92) em 23 de Agosto de 1982, é assassinado nove dias antes da tomada de posse. Sucede-lhe o irmão, Amine Gemayel.

[49] Margarida Santos Lopes, em *Arafat, a Pedra que os Palestinianos Lançaram ao Mundo*, edições Público, explica como a autorização para a invasão se segue a mais de "500 horas e 50 reuniões" entre Edwin Mroz, representante dos EUA, e Arafat, com vista a uma solução negociada para o conflito israelo-palestiniano: "Paralelamente, o novo ministro da Defesa de Israel, Ariel Sharom, preparava com o general Arik e o líder falangista Bashir Gemayel uma 'pequena' e uma 'grande' versão da 'operação pinhal'. Em Junho de 1982, Haig ordenou a interrupção das conversas de Edwin Mroz com o dirigente palestiniano, após um encontro de duas horas e meia com Ariel Sharon. Este pediu 'luz verde' para a invasão e terá recebido 'luz amarela'. 'O israelita regressou a Telavive confiante. Só lhe faltava o pretexto, que chegou a 3 de Junho, quando um atirador palestiniano, do grupo de Abu Nidal, disparou sobre o embaixador de Israel em Londres'. Comentando os factos, Edwin Mroz confidenciou aos seus biógrafos: 'É horrível pensar que as negociações secretas com Arafat possam ter sido uma das razões para a invasão do Líbano'".

hoje se sabe, o secretário norte-americano agiu por conta e risco e foi por isso substituído por Georges Shultz. Na verdade, se o objectivo de Washington coincidia com o de Telavive – desarmar os palestinianos – já o *modus faciendi* da operação separava as duas capitais. Por causa da Arábia Saudita, Georges Shultz não queria cobrir a ocupação de uma capital árabe. Mas Ariel Sharon não lhe dará esse presente. Não dará presentes a ninguém.

Israel tinha com os falangistas um acordo paralelo em que estes atravessariam as suas linhas defensivas, ajudando o *Tsahal* "a limpar Beirute ocidental dos terroristas". Mas, numa das cambalhotas em que o Líbano é pródigo, o putativo novo Presidente abandona o antigo discurso de chefe de milícia e assume-se como líder nacional, a conselho do seu pai... e, possivelmente, dos norte-americanos. Num encontro em casa de Baschir, Sharon pede-lhe a execução do contrato. Mas Pierre Gemayel, o pai, interpõe-se: "O senhor deve compreender que nós não podemos governar o país depois de você ter partido, se massacrarmos os muçulmanos. Isso seria o fim da unidade libanesa!" [50]. O general sionista replica, não sem razão, com um seco "deviam ter pensado nisso antes". Mas a verdade é que, a partir deste momento, o "eleito" de Israel deixa de lhe interessar.

Baschir Gemayel é assassinado a 14 de Setembro, ainda antes de tomar posse. O crime ocorre na zona cristã de Beirute, no quartel--general do partido, durante o *meeting* em que o futuro Presidente da República ia anunciar a sua renúncia à direcção das *Forças Libanesas*. O atentado serve de pretexto à entrada das tropas de Ariel Sharon em Beirute ocidental na noite desse mesmo dia. Telavive violava os acordos que assinara um mês antes. E permite que falangistas em fúria massacrem, à sua vista, mais de mil refugiados palestinianos nos bairros de Sabra e Chatila durante os dias 16 e 17 de Setembro. Adensando o mistério deste episódio criminoso, a Força Multinacional

---

[50] Memórias de conversa de Pierre Gemayel com Ghassan Tuéni, em *Un Siècle Pour Rien*, página 249.

54 | NO LABIRINTO

americana e franco-italiana, que tinha chegado a Beirute para enquadrar a partida da OLP, eclipsara-se um dia antes... para regressar pouco tempo depois[51].

A matança levanta o movimento de Paz em Israel, mas não encontra resposta à altura no dividido mundo árabe. Telavive fez bem as coisas. Só arriscou o envio de 100 mil homens para o Líbano depois de ter concluído com o Egipto os Acordos de *Camp David*[52]. Em troca da devolução das areias do Sinai, ocupadas durante a guerra dos seis dias[53], o Estado judaico comprara a neutralidade do dispositivo

---

[51] A Força Multinacional no Líbano (MNF) foi criada em 1982 com o objectivo de garantir a retirada em segurança da OLP. Era composta por 800 militares americanos, 400 franceses e 800 italianos. A evacuação da força decorreu nas duas semanas seguintes à saída de Arafat, e coincidiu com a entrada do *Tsahal* em Beirute ocidental. O Governo pró-israelita pediu o seu retorno, que ocorreu no fim de Setembro. A 23 de Outubro de 1983, dois camiões-bomba provocaram a morte de 241 americanos e 58 franceses da MNF. Em retaliação, aviões de guerra franceses atacaram posições da Guarda Revolucionária do Irão, no vale de Bekaa, e a 4 de Dezembro os EUA bombardearam posições sírias nas montanhas a leste de Beirute. Em Fevereiro e Março de 1984, os diferentes componentes desta força acabam por sair do Líbano.

[52] Os Acordos de Camp David (17 de Setembro de 1978) foram assinados na casa de campo do então presidente dos EUA, Jimmy Carter, e daí o seu nome. Anwar Sadat, pelo Egipto, e Menachem Begin, por Israel, subscreveram então dois textos – *A Framework for Peace in the Middle East* ("enquadramento para a paz no Médio-Oriente") e *A Framework for the Conclusion of a Peace Treaty between Egypt and Israel* ("Enquadramento para a conclusão de um tratado de paz entre Egipto e Israel"). Seis meses mais tarde, os textos são transformados em Tratado de Paz. O Egipto recuperava o Sinai em troca do reconhecimento de Israel e do abandono de qualquer pretensão bélica face ao seu vizinho. O significado político deste acordo foi imenso, porque a causa palestiniana, do ponto de vista de uma solução militar, dependia do eixo que neste gesto se rompeu – entre o Egipto e a Síria.

[53] Assim conhecida, porque seis foram os dias da terceira guerra entre Israel e os seus vizinhos, corria o ano de 1967. Esta vitória esmagadora de Israel, cujo chefe de Estado-Maior era o general Isaac Rabin, saldou-se na ocupação de Jerusalém oriental, Cisjordânia, Gaza, montes Golã e Sinai. De um só golpe, a área ocupada era três vezes superior à do Estado de Israel. Com controlo desses territórios, o conflito israelo-palestiniano muda substancialmente. O estabelecimento de colonatos, a negação de direitos às populações dos territórios ocupados e a posterior anexação de Jerusalém estarão na base de crises sucessivas, hoje ainda sem solução.

militar cairota. No mundo árabe cada um tratava de si e, sem o Cairo, Damasco não passava de um tigre de papel.

A ocupação do Sul do Líbano foi caucionada pelas dóceis autoridades libanesas. Em 1983, assinam com o agressor um tratado de não-beligerância, onde se consagra a "zona de segurança" exigida por Israel, e que é entregue ao Exército do Sul do Líbano. A vitória é total e completa. Israel consegue, até, legitimar o absurdo jurídico de uma segunda fronteira na casa do vizinho, onde o Estado libanês não pode entrar. Quando, a propósito da guerra do Verão de 2006, tanto se escreveu sobre a anomalia de uma parte do território libanês não contar com a presença do respectivo exército, é nesta imposição de Telavive que se pode encontrar a origem de tal facto...

Apesar de total e completa, a vitória não será eterna. Quando, em fins de Maio de 2000, Telavive retira do Líbano, fá-lo sem honra nem glória. No recuo, as forças do Exército do Sul do Líbano ou fogem ou entregam-se. Aos que fugiram, o Parlamento de Israel reconhecerá os seus préstimos. Em Abril de 2006, atribuiu-lhes cidadania israelita e uma razoável indemnização.

No seu recuo, Israel deixou por resolver dois "pormenores": as Quintas de Cheeba e a questão dos prisioneiros libaneses. As primeiras, situadas nos montes Golã, são um pedaço de terra desabitada de 22 quilómetros quadrados. Sem valor estratégico, foram tomadas por Israel na voragem da guerra de 1967. Não há dúvidas sobre a sua libanidade. Contudo, as Nações Unidas consideram-nas território ocupado no contexto de uma guerra com a Síria e, portanto, sírias. Damasco podia prescindir dos direitos sobre esta terra que reconhece pertencerem ao seu vizinho libanês, mas não o fez até agora, para forçar Israel a devolver o conjunto dos Golã ocupados nessa guerra. Telavive, por seu turno, também podia retirar unilateralmente, matando o mais forte argumento do *Hezbollah* para não se desarmar. Vá-se lá saber porquê, nunca o fez... Por causa do imbróglio, a Resistência[54]

---

[54] Como se depreende da leitura, a palavra "Resistência" não é redutível ao *Hezbollah*. Ela existia antes de este partido se ter formado. Nuns casos, com orientação

56 | NO LABIRINTO

continua, desde 2000, a sua luta de fronteira. Parece surreal? Nem tanto. Sem símbolos, as guerras perdem a alma...

O segundo caso é ainda mais absurdo. Em 2004, o governo alemão negociou, com sucesso, a troca de um empresário israelita, Elhanan Tennenbrun, por 436 detidos nas prisões de Israel. A troca incluía ainda a devolução de corpos – de três soldados israelitas[55] por 59 da Resistência. No que toca ao Líbano, a ideia era "saldar contas". Mas, por doze votos contra onze, o governo de Telavive decidiu ficar com três... "Só p'ra chatear", apetece dizer. Foi em nome da libertação destes homens, nem todos do *Hezbollah*, que, a 12 de Julho de 2006, um comando do movimento capturou dois soldados israelitas. Mas não nos precipitemos, porque entre guerras o Líbano teve direito a 16 anos de relativa paz.

Gosto de pensar que a Paz chegou quando aos protagonistas faltou a convicção do suicídio. Em Outubro de 1989, a maioria dos deputados é transferida para Taef, na Arábia Saudita. Durante um mês discutem o fim da guerra. Rafic Hariri é o mestre-de-cerimónias nas sessões não-oficiais. Quando a Paz é assinada, tudo parece ter regressado ao ponto de partida: o Presidente continua a ser cristão, o primeiro-ministro sunita, e o do parlamento, xiita. Mas na realidade há um novo equilíbrio: a presidência perde força para o governo, e apesar dos cristãos manterem 50 por cento da Assembleia Legislativa,

---

laica; noutros, com origem em várias comunidades. Quando uso a palavra Resistência sem qualificativo, faço-o nesta dimensão múltipla. Mesmo hoje, para lá do *Hezbollah*, existem grupos armados laicos, palestinianos, cristãos e sunitas, que estão presentes nas localidades do Sul, nomeadamente onde estas confissões são dominantes. Quando uso a expressão "Resistência islâmica", ela é sinónimo de *Hezbollah*.

[55] Três são os prisioneiros vivos confirmados por Israel. Na realidade, podem ser mais. Desde o início da guerra civil, desapareceram mais de 2000 libaneses. Destes, duas centenas foram presos pela Síria, e outros tantos por Israel. As famílias procuram informações sobre os respectivos paradeiros. A maioria terá morrido. Mas é bem provável que vários libaneses se encontrem ainda vivos em cativeiro.

os xiitas também ganham algum peso. Taef é uma obra-prima de engenharia político-constitucional. Para o futuro, anuncia a superação do Estado confessional e uma clara separação de poderes. Na prática, aplica uma nova repartição de poderes a um sistema que sobrevive, imune, a 18 anos de guerra. O que dá solidez aos acordos é o desarmamento das milícias e a oficialização da presença militar externa: "O tempo durante o qual as forças sírias ficarão será precisado por acordo a concluir entre os governos libanês e sírio", rezam os documentos. Durante 16 anos, a Síria vai arbitrar os interesses, internos e externos, que se jogam no país dos cedros. O contrato demorou bem mais do que inicialmente se pensara. Mas a verdade é que tal só foi possível porque teve, além da chancela libanesa, luz verde dos países árabes e dos Estados Unidos da América.

À luz de catorze anos de conflitos, que deixaram 50 mil a 70 mil mortos e pelo menos uma centena de milhar de feridos, a limitação de soberania até parece um preço razoável. Um povo esgotado, uma geração amputada e um país quase-destruído – eis o saldo da formidável e trágica energia que se libertou ante a confluência de todas as contradições libanesas e ingerências externas, das modernas às mais antigas. O problema do acordo é que não permitiu superar, nem as causas, nem os equívocos que alimentaram a guerra.

Na verdade, o cansaço dos guerreiros pesou menos do que a convergência excepcional entre Washington, Damasco e Riad. São estas as capitais que nos bastidores decidem.

A geração de conselheiros de Bush pai ainda não é a que fará a cabeça do seu filho. Clara nos eixos principais – a fidelidade a Israel e a protecção ao regime saudita (petróleo *oblige*) –, a Administração olha para a pacificação do Líbano como oportunidade para fazer entrar o regime sírio no círculo das "forças do bem". A jogada pode, além disso, ser concertada e temperada por Riad.

Do seu lado, também o ditador sírio aproveita. A ascensão de Mikhail Gorbatchev ao poder em Moscovo – e consequente desinvestimento na Guerra Fria – aconselhava-o a aproximações rápidas, quer a Ocidente, quer à Arábia Saudita. Taef é a primeira pedra desse movimento. A segunda ocorre um ano mais tarde, no Golfo Pérsico: Washington conta com a Síria na coligação de 41 países que vai expulsar Saddam Hussein do Koweit.

Transformar a Síria num actor incontornável da região – eis a lógica que sempre conduziu os estonteantes ziguezagues de Hafez al-Assad. No Líbano, até os mais recalcitrantes acabaram por perceber como *quase* todos os caminhos passavam pelas terras do grande irmão.

A relação entre os dois países tem tanto de inevitável quanto de complexa. É inevitável porque milenar. Quando, nos anos 20 do século passado, os franceses multiplicam protectorados alinhados sobre maiorias étnicas ou confessionais[56], fragmentam um território que a História também unira. A divisa "dividir para reinar" encontrou a oposição dos árabes que procuravam colocar uma pedra sobre as rivalidades e invejas tribais. A modernidade destes últimos reclamava a promessa feita por Inglaterra à revolta árabe: um Estado árabe independente... e não o milagre da multiplicação de protectorados[57]. Quando os pseudo-Estados sírios são unificados em 1936, o Grande Líbano fica de fora. Pan-árabes e pan-sírios[58], dos dois lados da

---

[56] Na parte que lhe coube dos acordos que fez em 1916 com a Inglaterra, conhecidos pelo nome dos dois negociadores – Sykes e Picot –, a França vai criar, além do Grande Líbano, quatro protectorados nos territórios da actual Síria: um para os alauítas, outro no djebel druso, e ainda dois Estados, com capitais em Damasco e Alepo.

[57] Na realidade, os ingleses fizeram duas promessas: uma aos árabes... e outra aos judeus, a de uma "casa nacional" na Palestina.

[58] O pan-arabismo foi a ideia unificadora dos vários partidos nacionalistas sírios que, através de eleições, em 1954, derrotaram as forças conservadoras. Em 1958, a Síria toma a iniciativa de se unificar com o Egipto numa nova "República Árabe Unida", de curta duração. A ascensão ao poder do partido *Baath*, em 1963, mantém, apesar do fracasso da RAU, uma linha "pan-árabe". O próprio partido conserva essa ficção nos seus congressos, que se apelidam "regionais", a exemplo do que também ocorria no vizinho Iraque. Os *Ba'ath* sírio e iraquiano separaram-se desde muito cedo, e as diferenças agravaram-se com a tomada do poder nos dois países. Na Síria, o pan--arabismo só cede a uma linha "pan-síria" quando Hafez al-Assad se apodera do poder.

O NASCIMENTO DE UMA NAÇÃO | 59

fronteira, viram a excepção como resíduo de uma operação colonial realizada menos de 20 anos antes. Ainda hoje a Síria se recusa a trocar embaixadas com o seu "irmão" libanês. O já citado Ghassan Tuéni, que fez a sua infância política no Partido Popular Sírio, reconhece que a sua geração "foi subjugada pela visão utópica de uma grande Síria, continuadora de uma grande história de força e liberdade"[59]. Outros, como os *ba'athistas*, levavam mais longe o seu pan-arabismo e nele incluíam, além do Líbano e da Síria, também o Iraque, de modo a que todo o Crescente Fértil fosse integrado numa mesma comunidade política.

Se a existência de numerosas famílias com parentes dos dois lados da fronteira traduz a história comum, também é verdade que a dupla cordilheira que separa o Líbano da Síria actual criou histórias que não são redutíveis à singularidade. Uma das grandes figuras da independência do Líbano, Riad as-Solh,[60] resumia assim a variante árabo-libanesa: "Trabalho para um Líbano árabe que una cristãos e muçulmanos. Não traio o arabismo mas, ao contrário, percorro o caminho que, no momento certo, conduzirá a uma unidade árabe espontaneamente consentida por todos"[61].

Se o peso da História conta, é o presente que decide. A partir dos anos 70, a política de Damasco face ao vizinho passou a regular-se pela palavra mágica que ainda hoje conduz os passos de Israel: segurança. A superioridade militar de Telavive, conjugada com a divisão árabe, levam a Síria a arquivar as suas ideias pan-árabes. Vários factores externos consolidam esta viragem ao longo das décadas de 70 e 80. O primeiro é, sem dúvida, a paz separada que o Egipto assina com Israel em 1978. Cinco anos antes, os dois países moveram uma guerra a Israel que, compensando a catástrofe de 1967, se saldou

---

[59] *Un Siècle Pour Rien*, página 165.

[60] Riad al-Sohl (1894/1951). Primeiro-ministro do Líbano após a independência. Muçulmano sunita empenhado no diálogo inter-confessional libanês. Estava no início do seu segundo mandato, quando foi assassinado em Amã, na Jordânia.

[61] *Un Siècle Pour Rien*, página 167.

num empate[62]. Em teoria, o final reequilibrava as forças em presença. Mas o camponês Anwar al-Sadat, que governava no Cairo, não tinha feito a guerra pela causa árabe. Eis como resumiu a sua posição: "Os meus filhos precisam de comer e o único meio que tenho para os alimentar é fazer a guerra. Com isso, obriguei os árabes ricos a fornecerem-me frango. (...) eles não pagavam, porque eu não fazia a guerra. Era a Arafat que davam dinheiro. E os americanos não me ajudavam, porque eu não fazia a paz. Assim, fiz uma guerra que me assegurou os subsídios árabes. E depois negociei uma paz que levou os americanos a ajudarem-me"[63]. Dificilmente se pode encontrar melhor síntese da esperteza e da desgraça árabe. Por causa dela, o outro camponês, Hafez al-Assad, acentua os seus reflexos defensivos. Quando, no fim dos anos 80, se desfaz o muro de Berlim, eles já estão em guarda. Aproxima-se de Washington porque a segurança síria está ligada à Turquia e à Arábia Saudita, onde os norte--americanos têm bases militares. Depende ainda extraordinariamente da confusão libanesa e do comportamento de Saddam Hussein, o seu arqui-inimigo de Bagdade. Ou seja, do Líbano e do Iraque, Damasco não se podia dar ao luxo de receber más notícias. É esta preocupação que aproxima estrategicamente a capital síria da sua congénere iraniana. Nas últimas duas décadas, é este o eixo principal da política externa dos alauítas.

A política síria para o Sul do Líbano também deve ser lida a esta luz. Incapaz de proteger o território em caso de invasão israelita,

---

[62] Também apelidado de "guerra do Yom Kippur", foi o quarto conflito israelo--árabe. Inicialmente, as forças egípcias conseguem penetrar as linhas israelitas, na sequência da decisão do novo presidente egípcio, Anwar al-Sadat, de se empenhar no combate pela recuperação do Sinai. Os sírios, por seu turno, avançam nos Golã. No Sinai trava-se uma das maiores batalhas de carros de combate da história. Passado o primeiro impacto, Israel contra-ataca. Este conflito, que termina empatado, marca um dos momentos mais perigosos da "guerra fria". A URSS ameaçou com o envio de tropas e nos EUA foi declarado o alerta nuclear. Foi também o momento aproveitado pelo Koweit para lançar a primeira crise nos preços do petróleo.

[63] *Un Siècle Pour Rien*, páginas 192 e 193.

Damasco, que já apoiava o *Amal*[64], estende a sua generosidade ao *Hezbollah*, em sintonia com Teerão. Os israelitas, que tinham a sua quinta coluna no Sul do Líbano, agradeceram. Deste modo, as duas capitais podiam guerrear-se sem envolverem as suas forças em conflito directo.

Quando, no Verão de 2006, o Mundo foi inundado pelas imagens de uma guerra que opunha o mais poderoso exército da região a "terroristas" ou "resistentes", consoante o ponto de vista, é importante compreender que tal só ocorreu porque o Líbano nunca teve exército que se visse. Essa "ausência" foi sempre do agrado dos dois vizinhos. Por distintas razões, quer a Síria, quer Israel, preferiam um Líbano incapaz de se defender a si próprio.

Diga-se em abono da verdade que o mesmo pensavam as famílias que dirigiam o Líbano. A ausência de Forças Armadas com real poder de fogo também decorre de um acto interno de vontade. "A força do Líbano é a sua fraqueza" – neste slogan se condensava a teoria em voga nas elites da década de 60[65]. Na Suíça europeia, entende-se facilmente. Na do Médio Oriente, esta indigência foi um convite permanente à agressão e à ingerência, como a história abundantemente demonstra. As grandes famílias nunca quiseram um exército eficaz

---

[64] O *Amal*, ou Esperança, fundou-se na década de 70 como braço político-militar do "Movimento dos deserdados" (ver mais adiante). Até à consolidação do *Hezbollah*, foi a mais importante milícia xiita do Líbano, chegando a organizar, em permanência, 14 mil homens armados. Nos anos 80, os dois partidos lutaram entre si pela hegemonia e foi necessária a mediação Síria para pôr fim aos combates. Liderado desde 1982 por Nabih Berri, o *Amal* tem com Damasco uma ligação muito estreita. Internamente, é aliado do movimento de Hassan Nasrallah. Partidário dos acordos de Taef, expressa as aspirações daquilo a que se poderia chamar a burguesia regional xiita. O seu líder é, desde 1992, presidente do Parlamento. Actualmente tem 16 deputados.

[65] Ainda hoje deve andar pelas gavetas perdidas do parlamento um projecto de lei dos anos 60, visando a criação do Serviço Militar Obrigatório. Nunca teve maioria para ser aprovado e não foi por razões de objecção de consciência. Na realidade, a maioria dos deputados receava um exército contaminável pelas ideias revolucionárias que então agitavam a juventude...

antes, durante ou depois da guerra civil: essa escolha concentrava na autoridade central um poder que ninguém desejava; e desviava os governos da sua sagrada missão, a de partir e repartir o dinheiro que há e o que não há, por cada clã...

O exército libanês também nunca fez muito por si próprio. A estratégia que melhor domina é a do encolhimento. A única excepção importante ocorreu quando a presença militar síria tinha acabado de ser legitimada em Taef... Nessa altura, o general que comandava as Forças Armadas, Michel Aoun, iniciou uma "guerra de libertação". A popularidade de que este político cristão ainda hoje goza tem origem nessa coragem. Mas à época, os clãs estavam contentes com os acordos de Taef, e Washington deu a Damasco autorização para resolver o assunto. Em 1990 não foi a Síria que saiu do Líbano, mas o general que se exilou.

Eis por que a Resistência é o orgulho da nação. Filha de um país amputado de vontade e de um protector fragilizado, representa a sua coragem. Pode gostar-se ou não do *Hezbollah*. Mas nenhum libanês, pobre ou rico, cristão ou muçulmano, o define como "terrorista". Na ausência de exército, foram os "irmãos" que, durante 18 anos, deram corpo e alma à luta contra uma presença estrangeira que ninguém, no país, pedira. Essa a diferença com a presença síria. As ocupações israelitas constituíram actos de guerra. A tutela síria entrava na categoria das ingerências consentidas...

JOGO

O equilíbrio da paz sob tutela rompe-se em Setembro de 2004. No plano interno, nada justificava a vertiginosa cadeia de acontecimentos e manobras de bastidor que se viria a prolongar até Junho do ano seguinte. O novo milénio tinha começado com boas notícias para o Líbano. A 24 de Maio de 2000, Israel regressa a casa. Quinze dias depois, a lei da vida leva Hafez al-Assad, abrindo caminho a uma sucessão que prometia folga no Líbano. A ascensão de Baschar al-Hassad, se fazia da Síria uma república dinástica, era olhada com benevolente expectativa. O futuro líder era tido por "liberal" e, ainda em vida de seu pai, ficara com o dossier libanês. Conhecia bem o país.

Para as elites, a vida corria de feição. É verdade que a economia apresentava resultados medíocres. Mas nesse ano de promessas milenares, as listas patrocinadas por Rafic Hariri em Beirute, Tripoli e Saida alcançam resultados na proporção do descomunal investimento realizado na campanha. O multimilionário é de novo chamado a formar governo, após um hiato de dois anos. A rede de influências e apoios que reunia pelo mundo era o maior garante de que os juros da astronómica dívida acumulada pelo Líbano seriam pagos... com recurso a novos endividamentos externos. Nesse capítulo, Hariri era um mago com provas dadas[66]. Os seus créditos políticos e financeiros

---

[66] A dívida libanesa é, em grande medida, da sua responsabilidade enquanto primeiro-ministro ao longo dos anos 90. Em 2000, ela situava-se nos 25 mil milhões de dólares, quando o PIB não passava de 17 mil milhões. No final de 2004 ascendia a 45 mil milhões, metade da qual devida ao exterior. *Per capita*, só o Zimbabwe se encontrava então em pior situação. No entanto, a dívida primária era, até à última guerra, comportável. O que estrangula a economia libanesa é o serviço da dívida.

permitiram obter dos doadores internacionais os montantes solicitados. Os dois principais credores, a França e Arábia Saudita, comprometeram-se com 4,3 mil milhões de dólares em Novembro de 2002.

Se Hariri poupou as elites, não evitou a degradação das condições de vida da grande maioria da população. O custo humano da estagnação económica não foi compensado pelas políticas sociais. Pelo contrário, o Orçamento de Estado foi assaltado pelos pagamentos do astronómico serviço da dívida. Em 2004, o reembolso dos juros acumulados elevava-se a 4,4 mil milhões de dólares. Em 2006, o novo governo já tinha em agenda uma nova conferência de doadores, porque o garrote se voltara a agravar. O conclave acabou por se realizar... mas para financiar a reconstrução do que Israel destruíra em Julho e Agosto. O círculo vicioso da dívida – pagamento de juros através da contracção de novos empréstimos internacionais – continuou, e continua, a girar em espiral ascendente.

A banca libanesa, inteiramente privada, é a grande beneficiária deste sistema que penhora o Estado. Não apenas controla as regras do jogo, como financia os programas de privatização... que alimentam a tesouraria de um Estado insolvente. Percebe-se agora como é possível ter entrado na moda, também no Líbano, o discurso do "Estado mínimo"... num país onde ele é tão minúsculo, quanto ineficaz o exército que o deveria proteger. Mas assim aconteceu.

O milagre deste país é a sua tragédia. Falta-lhe em investimento produtivo o que lhe sobra em liquidez especulativa. Os depósitos à guarda da banca libanesa multiplicam por quatro a riqueza gerada e excedem generosamente a sua dívida acumulada. Como explica um diplomata europeu há anos sediado em Beirute, "não é certo que alguém, comunidade internacional incluída, queira a retoma económica do Líbano"[67].

Para lá da especulação financeira, este é um país "confinado ao estatuto de intermediário entre os países exportadores e os

---

[67] Frase retirada do bloco de notas da minha deslocação ao Líbano, na qualidade de observador europarlamentar às eleições de Maio e Junho de 2005.

destinatários comerciais últimos". Na ausência de vontade para outras escolhas, houve mesmo quem legitimasse esta vocação "em nome de uma mítica paternidade fenícia"[68]. Não consta que alguém, pelo Mundo, se tenha preocupado com a redescoberta libanesa dos seus passados longínquos, bem pelo contrário. Para o mundo, o Líbano tinha deixado de ser um problema. O facto de os noticiários internacionais se terem esquecido do país era, de resto, a melhor prova do seu bom estado de saúde...

A 2 de Setembro de 2004, o Conselho de Segurança das Nações Unidas decide agitar o país dos cedros, não fosse ele habituar-se à paz. Na Resolução que então aprova, a 1559, duas exigências são feitas ao Líbano e uma terceira à Síria. A Beirute, a ONU exige que renuncie a prorrogar o mandato do Presidente em exercício e que proceda ao desarmamento das milícias, numa alusão indirecta ao *Hezbollah*; a Damasco, reclama a retirada do país vizinho. EUA e França assinam a resolução.

O ponto de vista de Washington é compreensível: incapaz de travarem o caos no atoleiro iraquiano, os neo-conservadores estendem a pressão na direcção de Damasco e Teerão. O Líbano passa à categoria de "efeito colateral" da aventura na Mesopotâmia.

Mal as tropas da coligação chegam a Bagdade, os EUA, com Israel à boleia, passam a acusar a Síria de dar guarida aos fugitivos do regime e de abrir as suas fronteiras ao terrorismo. Ambas as acusações eram absurdas. O ódio entre os *ba'athistas* de Damasco e de Bagdade sempre foi mútuo e sem falha. Quanto a facilitar a vida a terroristas de fundamento sunita, jamais os alauítas a isso se prestariam[69].

---

[68] *Les clinquants de la modernité*, artigo de Rudolph el-Khareh, publicado no *Le Monde Diplomatique* em 2001

[69] Damasco tem uma verdadeira obsessão com o terrorismo sunita, desde que a *Irmandade Muçulmana* tentou, nos anos 80, uma insurreição na cidade de Hama, situada

66 | NO LABIRINTO

A invasão do Iraque coloca estupidamente a Síria na "lista negra". Estupidez tanto maior quanto Bashar al-Assad deseja liberalizar o seu próprio regime. O que em si já seria arriscado, transforma-se numa missão impossível. Entre a ameaça norte-americana e a pressão dos duros do regime, o novo líder perde margem de manobra. A Síria retirara 60 por cento das tropas estacionadas no Líbano entre 2000 e 2004. Às boas, a coisa até se podia ir fazendo. O que Bashar não podia era dizer "sim" a um *diktat* de um Conselho de Segurança que, aliás, costuma esquecer-se das suas próprias decisões [70].

Para agravar a situação, aproximava-se o fim do mandato do Presidente cristão Emil Lahoud [71], cujas relações com Rafic Hariri, o

---

entre Damasco e Alepo. A repressão terá feito cerca de vinte mil vítimas. Ainda hoje a mera filiação na Irmandade é punível com pena de morte. Os *ba'athistas* sírios vêm no fundamentalismo sunita a única alternativa ao seu regime, e não devem andar longe da verdade. A grande maioria do país é sunita e Damasco liquidou todas as formas de oposição organizada. Sobra uma "terceira via", a da liberalização do próprio regime. Este o caminho prosseguido pelos sectores liberais e burgueses que a sociedade síria integra. Esta sensibilidade tem deputados e ministros, e influência na própria direcção do *Ba'ath*.

[70] Creio que ele intuía que, fizesse o que fizesse, não sairia da "lista negra". Em Junho de 2005, Bashar al-Assad recebeu no palácio presidencial sete eurodeputados. Não estava no programa. Falou três minutos e colocou-se à disposição para perguntas. A sua franqueza era proporcional ao isolamento que sentia. A certa altura dispara: "Os americanos pedem-nos que controlemos 500 quilómetros de fronteira no deserto com o Iraque. Deslocámos para lá 15 mil homens e continuaram a acusar-nos. Pedi-lhes que nos vendessem equipamento moderno de detecção. Sabem a resposta? Que não, porque não éramos de confiança..." Este contexto de isolamento só agora, depois da guerra do Verão de 2006, pode vir a alterar-se.

[71] O general Émile Lahoud, 70 anos, é Presidente desde 1998. Filho de um dos líderes da independência libanesa, serviu às ordens de Michel Aoun e separou-se dele quando o conflito entre o soberanismo do segundo e os acordos de Taef deram ao país dois governos em simultâneo. Comandou o exército de 1989 a 1998. Considerado íntegro, a sua ascensão ao poder foi olhada com simpatia. O primeiro governo a que presidiu, de 1998, elegeu o combate à corrupção como primeira prioridade, criando um forte litígio com Rafic Hariri, que entretanto deixara de ser primeiro-ministro. O desafio acabou por não se traduzir em medidas práticas e o seu adversário conseguiu revertê-lo, vitimizando-se. Quando Hariri regressou, vencedor nas eleições de 2000, a

O NASCIMENTO DE UMA NAÇÃO | 67

primeiro-ministro, eram atravessadas por ódios antigos. Noutras circunstâncias, Damasco talvez pudesse prescindir de Lahoud. Acossada, não podia deixar cair o mais seguro dos seus aliados. Bashar al-Assad, como o pai, detesta surpresas. Em consequência, pressiona o Parlamento libanês. No dia seguinte à aprovação da Resolução 1559, os deputados libaneses votam a emenda constitucional que permite estender o mandato de Emil Lahoud[72].

O desentendimento entre Rafic Hariri e Bashar al-Assad pode ter tido neste episódio o seu momento de não-retorno. É certo que o grupo parlamentar do primeiro-ministro votou a emenda. Mas a 20 de Outubro o multimilionário resigna. O rolo compressor da 1559 começava a cumprir o seu papel. A oposição libanesa antí-síria vê na demissão de Hariri a oportunidade para sair da marginalidade. A 19 de Novembro, manifestações estudantis exigem o fim da tutela síria. O sistema interno de alianças começa a mover-se. Alguns dos signatários dos acordos de Taef apanham o ar do tempo e passam à oposição aberta à Síria, ajustando contas que o tempo não fizera esquecer[73]. O tempo trabalhava a favor das oposições: na agenda da resolução constavam ainda a retirada síria e o desarmamento do *Hezbollah*.

A exigência do fim da tutela Síria unificava um bloco social e político muito alargado entre as comunidades cristã e sunita. A saída de Israel fizera cair um dos principais argumentos para a manutenção

---

convivência entre os dois homens era insuportável. Émile Lahoud é hoje boicotado pela comunidade internacional, porque o seu mandato foi prorrogado ao arrepio da Resolução 1559. Ele tem tido, pelo menos, o mérito de "limpar" a imagem anti--palestiniana e pró-israelita que se colara aos cristãos durante a guerra civil.

[72] A emenda constitucional, que teve 29 votos contra, tinha precedente. Em 1995, sob proposta de Rafic Hariri, o parlamento estendeu por três anos o mandato do então Presidente cristão Elias Hrawi, através do mesmíssimo expediente legal. Eis porque se deve pensar sempre duas vezes antes de se proporem entorses às regras do jogo vigentes. Um dia, o expediente vira-se contra quem o inventou...

[73] É, nomeadamente, o caso de Walid Joumblatt, filho de Kamal Jumblatt e seu herdeiro à frente do Partido Socialista Progressista, a principal formação política drusa.

do protectorado, e nenhuma guerra intra-libanesa se desenhava no horizonte. Por outro lado, se a presença síria era militarmente discreta, o mesmo se não podia dizer da actuação combinada entre os serviços de informação sírios e libaneses. A normalização do país tornava insuportáveis as arbitrariedades típicas dos períodos de excepção. Para a oposição, apenas uma dificuldade se colocava: como transformar a exigência da retirada das tropas numa aspiração de liberdade e independência que ganhasse as ruas.

Entre os "pró-sírios" poucos morriam de amores pelo regime do partido *Ba'ath*. A questão, ontem como hoje, era e é de "realismo". Durante década e meia, a tutela síria teve cobertura simultânea de Washington, Paris, Riad e Teerão. Este consenso é quebrado pela aventura iraquiana. Sem Washington, o arco sobreviveu ainda por algum tempo, mas enfraquecido. Qualquer divórcio com este sistema de dupla tutela obrigaria o Líbano a nova escolha. A que se perfila na Resolução 1559 envolve três capitais: Riad, Paris e Washington. Entre Lahoud e Hariri, ambos "pró-sírios", o desacordo está para lá da diferença de personalidades e da luta que travaram em redor dos dossiers sobre a corrupção. Eles divergem sobre a defesa de soberania libanesa numa região em guerra. O mundo dos negócios acredita que Washington é capaz de apaziguar Telavive e que se deve ver livre de um protector colocado na lista negra. Pelo contrário, "resistentes" e "soberanistas" recusam trocar o certo pelo incerto, e vêm no eixo da Resolução 1559 uma capitulação a Telavive.

O que perturba este debate é a exigência *onusiana* de desarmamento do *Hezbollah*. O parágrafo sobre as milícias ia mais longe do que qualquer dirigente libanês podia admitir, pelo menos em público. O reconhecimento da legitimidade da Resistência fora formalizado pelo governo libanês, em 1996, após Israel ter bombardeado instalações à guarda das Nações Unidas, na vila de Qanã, matando 106 civis. Esse reconhecimento foi sucessivamente renovado, apesar de o movimento xiita não integrar os governos de Rafic Hariri. Os

O NASCIMENTO DE UMA NAÇÃO | 69

partidos e líderes "anti-sírios" não puseram em causa essa legitimidade, mesmo quando passaram a hegemonizar o governo, o que sucede desde 2005. O novo primeiro-ministro, na sua declaração de investidura, não podia ser mais claro: "A Resistência é expressão fiel e natural do direito nacional do povo libanês a libertar a sua terra e a defender e proteger a sua dignidade face às agressões e ameaças israelitas" [74].

As próprias Nações Unidas não fizeram, implicitamente, outra coisa. Desde que a FINUL – Força Interina das Nações Unidas no Líbano [75] – se colocou ao longo da chamada "linha azul" entre o Líbano e Israel, sabe que de um lado estão as Forças de Defesa de Israel e do outro a resistência civil. Todos os apelos que fez, desde 2000, para que o exército libanês se deslocasse para a fronteira, caíram em saco roto. Os governos de Rafic Hariri sempre evitaram qualquer hipótese de confrontação do exército nacional com o *Tsahal*. Esta opção, que agradava a toda a gente, trazia consigo uma consequência óbvia: as armas do *Hezbollah* são um assunto estritamente libanês. Muito em particular neste ponto, a Resolução 1559 não podia deixar de ser lida como uma ingerência, de resto injustificável à luz do que se passava no terreno.

De acordo com os relatórios da FINUL, entre 2000 e 2004, os incidentes significativos provocados pelo *Hezbollah* contam-se pelos

---

[74] Em *Israel sur la sellette*, artigo de Rudolph el Kareh publicado em *Politis*, 7 de Setembro de 2006.

[75] A FINUL chegou ao país em Março de 1978, a pedido do governo libanês, e ao abrigo de duas resoluções da ONU – a 425 e 426 – que exigiam a Israel o fim imediato da invasão do Líbano e a retirada do *Tsahal*, iniciada 12 dias antes, em retaliação contra uma acção palestiniana que visara civis no Norte de Israel. Não tem nada a ver com a Força Multinacional de 1982. Durante a ocupação israelita, entre 1982 e 2000, os capacetes azuis mantiveram-se no país, mas sem cumprirem a sua missão. A partir da retirada israelita de 2000, assumiram funções de controlo fronteiriço das violações. Em vésperas da última guerra, a força internacional tinha 1989 soldados e 50 observadores de oito países. Desde que chegou ao Líbano, sofreu 258 baixas. Até Janeiro de 2007 continuará a ser dirigida pelo general francês Alain Pellegrini.

70 | NO LABIRINTO

dedos das mãos, concentram-se exclusivamente sobre meios militares de Israel, e têm por alvo exclusivo as Quintas de Cheeba. A maioria das violações da linha azul pelo lado libanês são atribuídas a pastores em busca de pastagens... Já do lado de Telavive houve "violações quase diárias" do espaço aéreo, com voos de intimidação a baixa altitude rompendo a barreira do som. As restantes violações de Israel são imputáveis à construção de barreiras sobre a fronteira e a represálias sobre o *Hezbollah*. No fundo, cada lado dizia ao outro que estava lá para o que desse e viesse, mas ninguém tomou iniciativas susceptíveis de iniciar uma escalada. Confirmando este estado de relativa acalmia, a força de interposição baixou paulatinamente os seus efectivos de oito mil para dois mil homens em quatro anos[76].

O desarmamento do *Hezbollah* só era urgente para o poderoso *lobbie* que, nos EUA e na Europa, visava Teerão. A Resolução 1559 é uma conquista sua. No entanto, este grupo de pressão não conseguiu colocar ao abrigo do Capítulo VII da Carta das Nações Unidas, o que autorizaria a sua imposição pela força militar. Que este cenário pudesse mergulhar o país na guerra civil, eis o que seria mais tarde classificado como um "efeito colateral" que, aliás, o Ocidente e Israel não deixariam de agradecer...[77]. Como escreveu o insuspeito Bassam Tayara, "a Resolução fez mais mal que bem à oposição", exactamente

---

[76] Para informação mais exaustiva consultar o site oficial das Nações Unidas *www.un.org*, e pedir UNIFIL.

[77] Não exagero. Em Março de 2005 assisti, no Parlamento Europeu, a uma reunião deste grupo de pressão. O encontro tinha como mestres de cerimónia o general Morillon e o eurodeputado Paulo Casaca, mas quem o liderava era Walid Pherés, um libanês da *Foundation for Defense of Democracies*, instituto presidido por Steve Forbes e onde pontuam, como *advisers*, os directores do FBI e da CIA e eminências pardas neo-conservadoras, como Richard Pearl e Newt Gingrich. O *lobbie* pressionava a União Europeia para colocar o *Hezbollah* na lista das organizações terroristas como passo preliminar para o apoio europeu a uma Força multinacional ao abrigo do capítulo VII da Carta das Nações Unidas. Na reunião estavam presentes a embaixada israelita, dois ou três deputados libaneses da extrema-direita e representantes da diáspora libanesa pelo mundo.

porque misturava duas agendas distintas. E "particularmente negativa para Rafic Hariri foi a presença da França como co-signatária", acrescentou [78].

Ainda estão por esclarecer as razões que levaram a França a subscrever a Resolução 1559. À primeira vista, Paris não tinha interesse em deixar de ser, no Médio Oriente, a "Europa que é amiga dos árabes". Esse estatuto beneficiou o Hexágono e as suas posições económicas na região. A oposição à guerra no Iraque aumentou-lhe o potencial de estima, muito em particular no Líbano e na Síria. Essa admiração tocou todos os quadrantes políticos libaneses. Jacques Chirac é ainda o grande responsável pelo facto da União Europeia não ter incluído o *Hezbollah* na lista das organizações terroristas. E foi também ele que apresentou à sociedade política do velho Continente o jovem Bashar al-Assad.

Por que muda Chirac? Só se pode conjecturar. As políticas externas das antigas potências coloniais, ao contrário da de Washington, têm memória. A de Paris é paquidérmica. Chirac opôs-se à aventura norte-americana no Iraque por razões que não são de "esquerda" ou de "direita" mas, *soit disant*, francesas. O Hexágono gostaria que a sua política árabe e muçulmana fosse a da própria Europa, excessivamente atlantista para seu gosto. Até à Resolução 1559, Paris manteve uma coerência que lhe permitiu, ao mesmo tempo, defender o Líbano dos excessos sírios e a Síria dos apetites da concorrência ocidental. A preferência dada aos antigos protectorados coloniais do Levante não se deve propriamente a sentimentos de culpa pós-colonial, mas a uma estratégia de fundo da diplomacia francesa, formulada desde os anos 30: "O controlo do Machereque, foco do nacionalismo árabe, garante o do Magrebe", [79]. De facto, se é em Marrocos, Argélia e Tunísia que se jogam os principais interesses franceses no Mediterrâneo, é no Levante que se formam as ideias e

---

[78] *Liban, le Chaos, Hariri Assassiné*, página 161

[79] *Considerações Sobre a Desgraça Árabe*, página 108.

os conflitos que podem incendiar todo o mundo árabe. A inflexão de Chirac surge, por isso, ao arrepio de tudo o que antes fizera, afastando-se da prudência diplomática que Paris cultivava na região.

Há quem pense que Paris subscreveu a Resolução 1559 para evitar uma versão piorada que a obrigasse a usar o veto no Conselho de Segurança. Não é impossível. Mas é bem mais provável que Chirac tenha querido enfraquecer Bashar al-Assad. As relações entre as duas capitais azedaram seriamente quando os sírios entregaram as suas novas prospecções de petróleo e gás à Exxon, preterindo a Total. Na mudança de estratégia, o desentendimento entre Bashar e Hariri terá jogado também o seu papel. Tendo que escolher entre os dois, Jacques Chirac preferiu o libanês. Porque era seu amigo pessoal e um dos seus grandes financiadores eleitorais? Nas motivações dos responsáveis políticos há sempre lugar para a *petite histoire*. Afinal, eles são humanos. Mas na inflexão francesa descobre-se, apesar de tudo, a lógica de um cálculo frio: um Líbano livre da Síria continuaria a precisar de protector. Nesse cenário, a candidatura francesa valia bem uma aproximação a Washington... Apostando alto, Paris ajudou a libertar os demónios. Não é certo que receba o seu prémio.

Enquanto as potências faziam lances diplomáticos, nos bastidores houve quem agisse. A 14 de Fevereiro de 2005, Rafic Hariri é assas-sinado. Tinham passado quatro meses sobre a sua demissão. O atentado ainda hoje é um mistério. O antigo primeiro-ministro deslocava-se com sofisticados instrumentos de segurança por satélite. Podia mudar de trajecto ao menor indício de movimentos suspeitos largas centenas de metros em redor. E nunca divulgava o itinerário, dificultando tentativas de detonação por controlo remoto de um explosivo colocado num ponto de passagem. Tinha, além disso, uma guarda pessoal principescamente paga, o que a deveria imunizar contra tentativas de corrupção. Tudo aponta para um crime com elevado grau de sofisticação e poderosos meios de contra-informação. Ou seja, para uma operação de serviços secretos. A explosão que destruiu a viatura blindada em que Hariri se deslocava – sabe-se agora, com recurso a uma carrinha *multi-van* que transportava 1800 quilos de explosivos – abriu uma cratera no solo com 15 metros de diâmetro[80].

Se admitirmos que o crime teve motivações estritamente políticas, a pergunta obrigatória é: "quem beneficia?". Deste ponto de vista, a investigação encontra-se ante um verdadeiro quebra-cabeças. Com efeito, o suspeito mais apontado – a Síria – foi quem mais perdeu com o assassinato, e não se vê como poderia ter sido diferente. Agentes a soldo dos serviços sírios cometeram vários crimes destinados a eliminar adversários e a avisar os que continuam vivos. Mas, neste caso, só uma raiva de todo em todo irracional poderia explicar a estupidez. O regime de Damasco tem a sua colecção de ódios e cadáveres, mas não a tradição de agir com cabeça quente. Por outro lado, nada garante que o desacordo entre Bashar al-Assad e Rafic Hariri fosse definitivo[81].

A segunda pista apontaria o dedo para os serviços secretos de Israel, a *Mossad*. Também estes possuem, para lá de vasta experiência no capítulo das execuções extra-judiciais, os recursos tecnológicos para um crime desta grandeza. Mas Telavive só poderia tirar vantagem do assassinato na exacta medida em que o pudesse imputá-lo a Damasco, algo que, apesar de tudo, dificilmente resiste a uma investigação rigorosa. Finalmente, não se vê que utilidade poderiam retirar os serviços ocidentais da morte do seu principal aliado no Líbano.

O esclarecimento deste crime é a verdadeira bomba-relógio com que o país e a região se defrontam. Muito vai depender da conclusão das investigações que, de resto, começaram da pior maneira. A cena

---

[80] O juiz Serge Brammertz faz esta revelação no seu último relatório, de 25 de Setembro de 2006. Mas nada adianta sobre presumíveis autorias, nem sobre as de outros 14 atentados realizados desde a morte de Rafic Hariri. Admite apenas que alguns possam ter ligações entre si, e com este.

[81] Essa é a opinião do insuspeito Bassam Tayara, e também a que se depreende de declarações de Hassan Nasrallah, segundo o qual estava prevista uma deslocação de Hariri a Damasco para muito breve.

do crime foi vista em primeira mão por investigadores e polícia libanesa. Rezam as crónicas que foi o granel.

Em Junho de 2005, as Nações Unidas enviam para Beirute uma equipa de cinco investigadores dirigidas por Detlev Mehlis. Três meses mais tarde, estas santas criaturas produzem um relatório carregado de contradições, onde não se hesita em recorrer a testemunhos de mais que duvidosa integridade, com o único fito de acusar Damasco.

No início de 2006, Mehlis foi substituído por um juiz belga, Serge Brammertz. Este trabalhou com vinte investigadores e analistas e, ao fim de seis meses de trabalho, estava convencido de que a complexidade do crime exigiria outro tanto.

Recomeçou a investigação do zero e não pôs de parte qualquer hipótese quanto aos mandatários do crime. Ao contrário de Mehlis, é parco em declarações. Deve pensar que o Líbano é um país excessivamente interessante para que ele mesmo se transforme em promotor de bombásticas declarações quotidianas. Teve o mérito de estabelecer contacto com as autoridades sírias, as quais se declararam "muito satisfeitas com a nomeação do novo juiz"[82]. Brammertz pediu a extensão do seu mandato por mais um ano, o que lhe foi concedido. Até lá pode manter-se em *low profile*. Mas quando chegar a conclusões, quaisquer que elas sejam...

---

[82] Relatório de Beatrice Patrie, presidente da delegação interparlamentar para os países do Machrek, datado de 14 de Março de 2006.

RENASCIMENTO

O atentado lança a "revolução dos cedros". Nos dias que se seguem à fatídica manhã de 14 de Fevereiro de 2005, a comoção é enorme e os manifestantes exigem a verdade. Rapidamente ela se transforma numa acusação a Damasco. Walid Jumblatt, que entrara em colisão frontal com o seu aliado de sempre, assume a liderança do movimento. Uma semana antes denunciara o assassinato de seu pai, Kamal Jumblatt, como "obra de gangs do *Ba'ath*, em nome do pan-arabismo"[83]. Agora revela conversas com Rafic Hariri, que imolam Damasco. O líder druso esperou 28 anos para tirar a sua desforra. Quem não precisou de esperar nem dois dias foi a família do morto. Também ela não teve dúvidas.

Se a vingança se servia fria e quente em Beirute, os governos ocidentais, que deveriam evitar julgamentos sem prévia investigação, alinharam pelo mesmo diapasão.

Entre comoção e barragem de informação, as manifestações crescem diariamente de intensidade e unem quantos – e foram muitos – aspiravam sinceramente à plena independência do país. Boa parte dos beneficiários dos governos tutelados imitam Walid Jumblatt e mudam de campo, sintonizando-se com o vendaval anti-sírio que assola o país.

As Nações Unidas, de novo sob impulso francês e norte--americano, encostam a Síria à parede e exigem a sua retirada imediata

---

[83] *The Beirut Spring*, obra editada por Ghassan Tuéni e Eli Khoury, página 25.

do Líbano. Desta feita, Damasco prefere deixar os anéis e salvar os dedos. Naquela Primavera de 2005, toda a política libanesa se arruma em função da Síria. Passado o primeiro impacto, e já com os tanques de partida, os partidos xiitas decidem sair também à rua, agradecendo a Damasco na hora do adeus. A concentração junta quase um milhão de pessoas [84] e coloca a medição de forças num patamar dificilmente imaginável para um país com três milhões e meio de habitantes. Mas uma semana mais tarde, a 14 de Março de 2005, o bloco "anti-sírio" responde com a mesma escala de mobilização, talvez mesmo um pouco maior. Metade do país está na rua, dando bem a medida do seu grau de politização. Mas foi sol de pouca dura.

Com a saída das últimas tropas a 27 de Abril, o Líbano passa às eleições. E com elas à política de sempre. O país mudava, mas os políticos não. A grande maioria dos chefes cristãos e sunitas, dos mais tribais aos mais cosmopolitas, sentam-se à mesa. Juntos, somavam décadas, senão uma ou duas centenas de anos de passagem pelos governos de tutela síria, mas não é isso que os impede de se autoproclamarem "oposição"... Entre si, estabelecem rapidamente as alianças que podem garantir, por via eleitoral, a inviolabilidade de cada uma das suas reservas de poder. Sob o impacto do assassinato de Rafic Hariri, a família nomeia o seu filho Saad como federador do bloco, que se reivindica do "14 de Março", em homenagem à maior das manifestações pela independência.

Nesta santa aliança, o leque vai da Esquerda Democrática à extrema-direita de Samir Geagea. São dos poucos com legitimidade "anti-síria". Mas no núcleo central da aliança estão muitos dos que prosperaram à sombra de Damasco. Como se diria em gíria futebolística, o "sistema" recompunha-se, depois de surfar as mani-

---

[84] No mesmíssimo dia, a direita europeia impunha no Parlamento, com a cumplicidade dos socialistas, uma resolução onde o *Hezbollah* era qualificado de organização terrorista. O Conselho Europeu, mais sensato, nunca deu sequência a esta exigência.

festações de Março. A capacidade de sobrevivência da cleptocracia libanesa é extraordinária, notável mesmo. Vão-se os protectores, mas ficam os protegidos. Entre si, continuam cordialmente a odiar-se. Diz-me a intuição que sabem que um dia, quando menos se esperar, regressarão as *vendettas* sobre dívidas de sangue contraídas. Mas, por ora, o essencial é continuar por cima. No Líbano nada se esquece. E pouco se aprende.

As eleições de Maio e Junho de 2005 decorreram no quadro legal antes em vigor. Ninguém se pôs de acordo para alterar previamente uma lei no mínimo "esquisita". Os 128 deputados são em primeiro lugar divididos por confissões religiosas. Esta configuração é em seguida dividida por 14 círculos eleitorais que têm, cada um, uma específica composição inter-confessional. As listas candidatas obedecem assim ao número de deputados por origem religiosa que a lei determina para cada círculo.

O eleitor tem três modos de votar, para lá do papel em branco ou da anulação do boletim: a esmagadora maioria deposita na urna o papelinho com os nomes que o partido da sua preferência lhe dá à entrada do local de voto; os mais criteriosos fazem o mesmo, mas cortam um ou outro nome que não seja do seu agrado; finalmente, ainda se pode pegar num papel em branco e escrever os nomes preferidos entre quantos se candidatam, independentemente das listas porque se apresentam.

A contagem faz-se lendo em voz alta os nomes que em cada papelinho depositado na urna. Um batalhão de apontadores dos vários partidos regista os votos em cada nome. São eleitos os mais votados até ao limite confessional previsto no respectivo círculo. Assim, o sistema não é proporcional nem maioritário, mas pessoalizado--confessional.

A lei parece dar grande margem de liberdade ao eleitor, mas na realidade é perversa. Por exemplo, um eleitor sunita de Beirute vota nos candidatos sunitas e também nos das outras religiões, o que está muito bem. Mas num círculo onde a eleição seja cerrada entre os candidatos da comunidade com mais lugares de deputado, quem acaba por decidir a eleição são os eleitores das confissões minoritárias. Inversamente, se um candidato de uma confissão minoritária quiser "correr por fora" dos grandes cartéis eleitorais, não tem qualquer chance de ser eleito, mesmo que seja o mais popular na sua comunidade. Eis por que se formam em cada círculo alianças completamente contra-natura. Os blocos políticos que se apresentam à eleição reflectem, acima de tudo, os jogos que permitem vencer na respectiva circunscrição. Nesta corrida aos cavalos vencedores, cada um oferece os votos que pensa que vale... e faz-se pagar por isso.

A lei eleitoral libanesa tem ainda outra surpresa: as pessoas não votam no lugar de residência, mas na terra de onde é originária a sua família. A tendência para a urbanização e 18 anos de guerra levaram, por exemplo, largas centenas de milhares de xiitas para a periferia Sul de Beirute. As comunidades de origem cristã, originárias do centro e norte do país, tiveram igualmente fortes movimentos migratórios em direcção à capital. Mas nos três círculos de Beirute, que somam 19 deputados, apenas se elegem dois cristãos e um xiita... Devido a este resquício tribal, as taxas de abstenção são tão brutais quanto a mobilização de transportes para voto sob comando clânico. Finalmente, cereja em cima do bolo, as eleições decorrem ao longo de quatro fins-de-semana. É uma animação, portanto!

Os acordos de Taef previam uma solução diferente e bem mais equilibrada: um sistema de duas câmaras, com parlamento eleito sem referência dos deputados à sua comunidade religiosa, e um senado inter-confessional, onde cristãos votavam em cristãos, sunitas em sunitas e por aí adiante. Nunca houve maioria para alterar a lei nesta direcção. Nem agora. Quem a deseja é quem tem mais votos, mas menos deputados...

Na realidade, a verdade das urnas não coincide com a da Assembleia eleita. O "bloco do 14 de Março" dispõe de uma maioria de 72 deputados, todos sunitas, drusos e cristãos, mas ficou muito longe da maioria dos votos expressos. Só ganhou entre os sunitas, onde a família Hariri impera quase sem oposição. A maioria dos votos cristãos foram para as listas do general Michel Aoun e a quase totalidade dos votos xiitas para a coligação entre o *Amal* e o *Hezbollah*. Apesar de contarem com a maioria dos votos expressos, os dois blocos referidos somam apenas 56 deputados. Este eixo cristão-xiita tem, contudo, deputados bastantes para inviabilizar a demissão do presidente Emil Lahoud, exigida pela maioria parlamentar.

A questão do presidente é apenas um dos temas de uma séria lista de contenciosos institucionais por resolver. Com vista à sua solução, criou-se, em 2006, um processo de "diálogo nacional" envolvendo todos os partidos libaneses. A questão das armas do *Hezbollah* estava na agenda e já tinha começado a ser discutida. Mas tudo isto foi colocado entre parêntesis pelos 34 dias da guerra de Julho e Agosto.

Retrospectivamente, é a conjugação entre a Resolução 1559 e o assassinato de Rafic Hariri que muda a direcção e o ritmo dos acontecimentos. Em três meses sucedem-se mega-manifestações, a Síria abandona o Líbano, este readquire a sua soberania e, no rescaldo das eleições, o balanço de forças interno parece inclinar-se na direcção dos desejos de Washington, Paris e Riad. Sucede que no Líbano nada é o que "parece"...

A vitória do "bloco do 14 de Março" tem como único cimento a polarização anti-síria. Para o novo núcleo duro do poder – assente no experiente Walid Jumblatt e no inexperiente Saad Hariri, filho de Rafic – a pressão contínua sobre Damasco é condição de sobrevivência. Nessa estratégia se integra a exigência da renúncia do Presidente da República, olhado como derradeiro posto avançado dos pró-sírios na nova arquitectura do poder. É também a polarização anti-síria que explica o facto de o líder druso ter recebido por duas vezes a *Irmandade Muçulmana*[85], uma provocação gratuita a Damasco, destinada a

---

[85] Organização criada no Egipto por *Hassan al-Banna* em 1928. Anti-colonial e contrária à organização do Estado fora dos cânones do Islão, a Irmandade apoiou a

80 | NO LABIRINTO

dificultar a normalização de relações entre os dois vizinhos. Neste *pressing*, o novo eixo de poder tinha, uns meses antes da última guerra, acabado por fundir a sua agenda interna com a da ONU: a questão do desarmamento do *Hezbollah* deixara de ser tabu.

A política do novo centro de poder vai aproximar Michel Aoun e Sayed Hassam Nasrallah. Eles coincidem em múltiplos aspectos e dispõem, cada um, de enorme popularidade entre os seus. "Não se pode dizer que a maioria dos libaneses seja anti-síria", reconheceu um alto funcionário das Nações Unidas, sob anonimato[86]. Para ambos, a fixação em Damasco é artificial e prejudicial ao país. Um e outro têm, de resto, autoridade para falar. Michel Aoun pagou com 14 anos de exílio a ousadia de envolver as forças armadas do Líbano numa luta contra a tutela síria. Quanto ao *Hezbollah*, recusou sempre participar nos seus governos. Para Michel Aoun, não sem razão, "quem manda é quem antes aceitou ser tutelado pelos sírios". A sua luta, garante, é contra "esse espírito de tutela que ainda comanda as suas cabeças". Mohamed Rajj, líder parlamentar do partido de Deus, segue pelo mesmo diapasão: "Não podemos permitir-nos o luxo de sermos inimigos da Síria. Há quem queira atribuir todas as responsabilidades

---

ascensão de Nasser, antes de se lhe opôr. O conflito mergulha na repressão, radicalizando as novas gerações de "irmãos". Sob a influência de Sayyed Qotb, a Irmandade ataca os "idólatras do capitalismo e do socialismo", que não cumprem a lei islâmica. Qotb é executado em 1966, mas isso não impede a Irmandade de se ramificar pelos países árabes e muçulmanos. Do seu seio nasceram tanto correntes *jihadistas* como outras, mais dispostas ao compromisso com os poderes vigentes. Os "irmãos" sustentam a actividade política com extensas redes religiosas e sociais de apoio. Hoje, a maioria da Irmandade reconhece o sufrágio universal, o pluralismo e a liberdade de expressão. No campo económico são adeptos do liberalismo. Os serviços secretos norte-americanos e israelitas estimularam os islamistas contra os nacionalismos árabes. Na Síria, Jordânia e Egipto, a Irmandade encontra-se entre as principais forças da oposição. Um sucedâneo da Irmandade, o *Hamas*, venceu as últimas eleições na Palestina. Não por acaso, este partido segue atentamente a experiência governamental de Yup Erdogan na Turquia.

[86] Todas as citações não numeradas deste capítulo são retiradas do bloco de notas das reuniões que efectuei no Líbano entre 1 e 6 de Maio de 2006.

destes 15 anos a Damasco, para fugir às suas. Uma parte dos libaneses é responsável, com a Síria, pelo facto de não existir um Estado decente, que deixe de ser presa da corrupção e do clientelismo".

A questão do Estado aproxima igualmente os dois partidos. Para Michel Aoun, "o que temos no Líbano não é um Estado, mas uma federação de comunidades". Só o secretário-geral do Partido Comunista Libanês, Khaled Hadadah, diria mesmo mais, embora sem menor razão: "O Líbano é uma espécie de emiratos confessionais unidos"...

Militar de formação e vocação, Michel Aoun não é facilmente classificável. A "sua" guerra e posterior exílio transformaram este cristão maronita na grande figura de proa que a oposição poderia ter tido. Mas por o considerarem imprevisível e indomável, todos, no seu campo, lhe barraram caminho. Quando regressou ao Líbano, em Maio de 2005, Aoun não aceitou as ofertas que lhe fizeram e avançou para listas próprias nos círculos de maioria cristã. Não era fácil bater a poderosíssima máquina eleitoral pró-ocidental, puxada pela memória e pelo dinheiro da família do mártir da revolução dos cedros, mas o general obteve resultados surpreendentes.

Acompanhei as eleições na qualidade de observador. As "forças laranja" – essa a cor das *t-shirts* e bandeiras dos seus adeptos – representavam os sectores urbanos mais jovens e ocidentalizados, que tinham tomado as praças uns meses antes. Eram muitos, mesmo muitos, pelas ruas e nos locais de voto. O facto de o velho general ser politicamente um conservador não os afectava minimamente. Esta juventude, envolvida nos movimentos universitários, não se define em termos clássicos de "direita" e "esquerda". Ela vê naquele "avô" de pequena estatura abertura em matéria de hábitos e costumes (é favorável, por exemplo, ao casamento civil) e, principalmente, atitude. Ao correr por fora do grande cartel dos Hariri, Michel Aoun renovava a coragem do passado. Ele era o rebelde. Percebeu, melhor do que ninguém, que as manifestações de Fevereiro e Março foram pela independência, mais do que contra a Síria; e que o seu conteúdo democrático se confrontava com o sistema político-confessional que sempre se sentara à mesa dos orçamentos.

Após as eleições, Michel Aoun volta a surpreender. Recusa as pastas governamentais que lhe oferecem e assume-se como líder da oposição. Não é claro se o fez porque as ofertas não o satisfaziam, ou porque queria mesmo ficar de fora. Mas, com este gesto, distancia--se da pauta inacabada da Resolução 1559 e exige eleições com uma nova lei eleitoral. Em Fevereiro de 2006, vai ainda mais longe e assina um acordo de entendimento político com o *Hezbollah*. "Primeiro quiseram isolar-me, agora querem fazer o mesmo a Nasrallah. Não o permitirei", desabafou. Durante os dias de guerra, pertenceram-lhe as mais duras declarações contra Israel e mesmo contra o governo, que acusou de conciliador. Os seus militantes foram, entre os cristãos, dos que mais se mobilizaram no apoio aos refugiados do Sul.

Para os adversários, este D. Quixote anti-sistema é um mega-lómano que tem por único objectivo chegar a Presidente da República [87]. Eles lembram-se do período em que os desafiou a todos, sem excepções. À época, Aoun unia a maioria cristã contra um acordo que diminuía a influência dessa comunidade na política libanesa. Fazia--o invocando os princípios da democracia liberal e de uma nova ordem mundial. Mas as massas que o adulavam – e adulavam é a palavra justa – viam nele um guia messiânico. As manifestações de apoio assemelhavam-se a ritos de "bebedeira pagã" que o general aceitava de bom grado. A crítica tem, portanto, alguma verdade à mistura. Mas, vinda de quem vem, reflecte igualmente o modo como a generalidade dos políticos libaneses se olham a si próprios no espelho...

---

[87] O Presidente da República, obrigatoriamente cristão, é eleito pelo Parlamento. Os candidatos cristãos precisam, por isso, de disputar o voto de todos os deputados, e não apenas os da sua comunidade. A eleição do próximo presidente efectua-se em 2007 e há pelo menos três candidatos no campo da actual maioria parlamentar. Caso decida candidatar-se, é muito provável que Aoun obtenha o apoio do campo xiita. E mais provável ainda é que nenhum candidato alcance a maioria qualificada necessária para a nomeação...

Afinal, o general tem a coerência de um soberanista num país onde o Estado prima pela ausência. A sua ideia de nação identifica-se com a da construção de um Estado forte. Esta particularidade acaba por moderar o liberalismo económico de que, ao mesmo tempo, se reclama. Na sua cabeça de militar, a afirmação do Estado choca ainda com a sua apropriação clânica, e exige uma estratégia clara de defesa nacional. A carta programática do Movimento Patriótico Livre, o seu partido, é, assim, um simples enunciado de valores onde se associam, com algum engenho, sinais de modernidade e ocidentalização.

Este ex-exilado é, no fundo, um tradutor libanês das ideias de De Gaulle[88]. No seu "ninho de águias", o mais bem defendido de quantos pude apreciar, disparou a certa altura: "Claro que sou laico. Não era Cristo que dizia que o seu reino não era deste mundo?". Definitivamente, a política libanesa é tudo menos convencional...

Outro vencedor das eleições foi o *Hezbollah*. Enquanto a generalidade dos líderes dos partidos libaneses trata de negócios e só por isso faz política, o movimento xiita faz da política o seu "negócio". Desde que foi fundado, em 1982, o movimento de Hassan Nasrallah percorreu uma longa estrada, que o trouxe de Teerão a Beirute e do terrorismo às instituições. É muito provável que o passado ainda persiga o presente. Mas nas eleições de 2005 e meses que se seguiram, é indiscutível que o *Hezbollah* distribuiu lições de sabedoria. Generoso, deu a maioria dos lugares da aliança xiita ao *Amal*, o que permitiu a Nabih Berri, líder deste partido, renovar a presidência do Parlamento. Prudente, garantiu à irmã de Rafic Hariri a sua eleição na

---

[88] Charles de Gaulle (1890-1970), general e estadista francês. Dirigiu as Forças Francesas Livres que lutaram contra os nazis durante a II Guerra Mundial. Presidiu ao governo provisório de 1944. Renunciou em 1946 para regressar triunfalmente em 1958, ano em que é, pela primeira vez, eleito Presidente da República. De Gaulle era conservador e soberanista. Fez entrar a França no clube dos países com armas nucleares; sem abandonar a NATO, fez com que esta retirasse as bases que tinha em França; e defendia "uma Europa do Atlântico aos Urais". Como Presidente, concluiu o atribulado processo de descolonização.

84 | NO LABIRINTO

cidade de Saida, evitando hipotecar as relações com a comunidade sunita. Em seguida, seguro do melhor resultado que obteve desde 1992[89], aceitou pastas no governo. Esta opção, que corria o risco de "sujar" a imagem de incorruptibilidade, não foi tomada de ânimo leve. Hassan Nasrallah fê-lo porque sabia que a engrenagem da Resolução 1559 tinha ainda um último capítulo por resolver – o desarmamento da Resistência.

Com a retirada síria, o partido xiita transforma-se num actor nacional incontornável. A sua moderação previne o isolamento político da sua comunidade. A convergência principal não é com Michel Aoun. "O eixo que impede a anarquia no Líbano é a ponte e o acordo entre nós, o *Amal* e Saad Hariri, sobre o reconhecimento do direito à Resistência e às Quintas de Cheeba", sintetiza Mohamed Rajj. Três meses antes de a guerra eclodir, o *Hezbollah* é adepto do "diálogo nacional". Apesar deste "tratar mais dos problemas da classe política do que dos do Líbano", como comentou em privado, entre o sarcástico e o cínico, um alto-funcionário europeu.

A dois meses do início da guerra, o *Hezbollah* mantinha as portas abertas a compromissos. O "bloco do 14 de Março" quer demitir o Presidente? "Não pensamos que seja o principal problema do país, nem somos uma associação de beneficência. Não nos peçam ajuda, se não formos parceiros na escolha de um novo presidente", comenta, sibilino, Mohamed Rajj. É possível integrar as milícias do *Hezbollah* no exército? "É uma possibilidade, embora não a única. A discussão sobre as armas respeita à definição de uma estratégia de defesa libanesa contra Israel. Estamos na disposição de discutir essa hipótese, bem como o envolvimento da resistência civil nesse conceito de defesa".

---

[89] O *Hezbollah* participa em eleições desde 1992. A decisão não foi pacífica no movimento, que consultou o "guia supremo" em Teerão para verificar "conformidade" da decisão à luz dos "preceitos da Lei". Os resultados confirmaram a escolha, obtendo 8 deputados. No final dos anos 90, alargou o seu apoio nas eleições locais, em que se apresentou com listas próprias e se afirmou como partido maioritário a Sul de Beirute. Em 2000 e 2004, os 12 e 14 deputados que obtém medem, mais do que a sua influência, os acordos que fez com o *Amal* e as minorias sunita e cristã do Sul.

O NASCIMENTO DE UMA NAÇÃO | 85

Quando a guerra começa, interrompe-se um processo de negociação que estava em curso, embora apresentando sinais de impasse. À luz do principal objectivo proclamado por Israel – desarmar o *Hezbollah* –, a guerra revelou-se, além de estúpida, completamente inútil. Ela apenas provou que a Resolução 1559 não pode ser imposta do exterior. Decididamente, não era necessária tanta destruição e morte para se regressar ao ponto de onde se havia partido. E de onde nunca se devia ter saído.

Samir Kassir considera "que a desgraça dos árabes está na geografia, mais do que na sua história"[90]. Em abono da tese, o jornalista explica como "a sua posição no coração do Velho Mundo, em face da Europa", foi prenhe de consequências. Por causa da geografia, "o olhar europeu sobre os árabes raramente é desprovido de emoções, do mesmo modo que alimenta o rancor dos árabes por já não serem depois de terem sido"[91]. O autor resume em seguida o modo como as diferentes potências europeias conduziram as políticas coloniais na região, antes de se deter no valor estratégico do Mediterrâneo para a NATO[92] durante as quatro décadas da "guerra

---

[90] *Considerações Sobre a Desgraça Árabe*, Livros Cotovia, página 101.

[91] *Idem*, página 103.

[92] Fundada em 1949, no contexto da guerra-fria, encontrou equivalente a Leste, o Pacto de Varsóvia. De ambos os lados, os Estados contraíram a obrigação de auxílio mútuo em caso de ataque a qualquer dos membros. A presença de Espanha, França, Itália, Grécia e Turquia garantia à NATO a hegemonia militar no Mediterrâneo. Com o fim do bloco de Leste e do Pacto de Varsóvia, no final dos anos 80, a NATO redefiniu missões, objectivos e composição. Alargou-se a Leste com a adesão da Polónia, Hungria e República Checa e, já em 2004, dos países do Báltico, Bulgária, Eslováquia e Roménia. Em 1999, revê o seu conceito estratégico. Deixa de ser uma aliança formalmente "defensiva". Na sequência do 11 de Setembro, declara "guerra ao terrorismo", invocando o artigo V do Tratado, que estabelece a solidariedade colectiva ante o ataque a um dos membros. A NATO tem actualmente missões no Afeganistão, Iraque, Bósnia, Sudão e Macedónia. No Mediterrâneo tem, desde 2001, uma força naval permanente, além de inúmeras bases aéreas e terrestres.

fria". À geografia, Kassir adiciona a geologia. "Devido à riqueza petrolífera, o mundo árabe foi apanhado pelo atraso socio-cultural dos países da península arábica"[93], remata.

Nada disto isenta os árabes das suas próprias responsabilidades. Mas ajuda a compreender porque é que este mundo, que só foi independente durante entre os séculos VII e XI, teve tanta dificuldade em fazer vingar dois processos inacabados de renascimento – a *Nadha* no século XIX e o nacionalismo árabe no seguinte.

O Líbano não tem petróleo, mas nem por isso foi poupado pela geografia. Vulnerável, tribal e multi-confessional, tem sido uma tentação para as potências coloniais europeias, e para Telavive e Damasco. Essa vulnerabilidade é também uma oportunidade para Washington, que sonha com um "novo mapa" no Próximo e Médio Oriente. Talvez essa carta não esteja ainda desenhada ou, estando, os neo-conservadores não saibam como a implantar no terreno, para lá do caos em que lançaram a região. Mas a presença norte-americana na região, jovem de 70 anos, tem pelo menos objectivo e centro. O primeiro disputa o controlo das fontes primárias de energia, o petróleo e o gaz. O segundo existe há seis décadas e chama-se Israel. Mas a administração de Bush filho não é infalível. As suas aventuras militares, longe de garantirem petróleo barato, são um dos factores da subida estonteante dos preços do barril. O enclave judaico é mesmo o único e durável sucesso estratégico dos EUA na região. Mas até este se transformou num êxito perverso. Já não se sabe bem quem manda em quem.

Na realidade, Telavive depende muito mais de Washington do que o inverso. Se um dia uma administração norte-americana colocasse uma pedra no alinhamento cego com os jogos militares de Telavive, estes acabariam na mesma hora. Mas, até hoje, tal só aconteceu por uma vez, em 1956, quando os EUA ainda apalpavam terreno e lhes interessava debilitar as posições francesas e inglesas no Levante. Por

---

[93] *Ibidem*, página 116.

qualquer razão, os candidatos à Casa Branca acham que não ganham eleições sem o "*lobby* judaico". Seja como for, Telavive pôde ler os primeiros ecos de fricção na irritação com que a opinião escrita neo-conservadora recebeu a condução político-militar da última guerra: "Os dirigentes israelitas não parecem compreender a que ponto um insucesso militar no Líbano arruinaria a sua relação com os EUA, o fio de segurança vital de Israel"[94]. Ou: "O apoio americano à estratégia israelita tem um custo político para G.W. Bush, e Ehud Olmert deve compreender que esse apoio será posto em causa se ele não manifesta a vontade de vencer militarmente tão rápido quanto possível"[95]...

O azar do Líbano é que, mesmo sem petróleo, mora ao lado de um Estado que não quer resolver o seu problema com os palestinianos. Georges Corm tem razão quando explica que, a partir de 1973, o Líbano "tornou-se o campo de batalha único da confrontação com Israel, após a neutralização das frente síria e egípcia. Assim se abriu o caminho que levou ao confronto de 1975. Proposto por muitos partidos palestinianos como modelo para uma futura Palestina laica e democrática integrando judeus, cristãos e muçulmanos em pé de igualdade, o Líbano vai cair na violência"[96]. Até hoje, assim tem sido.

A posição europeia na região é distinta da norte-americana. Enquanto a hiper-potência exporta armas e "guerras ao terrorismo", Bruxelas distribui euros e monta negócios entre guerras. Se esta atitude fosse acompanhada de uma política internacional independente da lógica da guerra preventiva, poderia ser um *soft power* eficaz e fiável, susceptível de granjear aliados árabes cansados de tanto *hard power*. Mas não é isso que sucede. Os euros de Bruxelas reflectem sobretudo a ausência de uma visão comum. São a base mínima de

---

[94] *Israel's Lost Moment*, de Charles Krauthammer, *Washington Post* de 4 de Agosto de 2006.

[95] Editorial do *The Wall Street Journal*, 1 de Agosto de 2006.

[96] *Pourquoi Israel s'Acharne sur le Liban*, artigo de Georges Corm no *Le Monde Diplomatique*, Setembro de 2006.

entendimento entre interesses e alinhamentos divergentes das duas principais potências da era colonial, a França e a Inglaterra.

Como a União Europeia funciona pela regra da unanimidade, só fala a uma voz em política externa, quando as suas posições coincidem com a norte-americana. Podia e devia ser diferente, mas não o é, pelo menos por enquanto. A diferença que a Europa exibiu na fase de desenlace da última guerra resultou de um raro casamento de factores conjunturais e não de uma qualquer doutrina. A questão a que os líderes europeus não respondem é de natureza estratégica: que fazer para transformar a maldição da geografia numa oportunidade para a paz e não uma certeza de guerra.

Regressemos, portanto, à geografia libanesa. A sua montanha tanto resguardou os perseguidos como congelou o país no tempo dos emires e o expôs, no declínio do Império otomano, ao conflito e arbitragem externa. Quando se mergulha nos relatos dos cronistas árabes sobre o modo como os diferentes emiratos de montanha se bateram e aliaram, e se pensa na guerra civil do século XIX, é-se percorrido por uma sensação de *déjà vu*. Mas o mesmo sucede quando comparamos as duas guerras civis. Força e fragilidade, potências externas e tribalismo montanhês, parecem agir por reflexo condicionado. Repetem-se e repetem-se. Como se o Líbano fosse um território ocupado por cães de guerra que, fatigados, precisassem de períodos de descanso para de novo se anunciarem em todo o seu vigor. Quero pensar que esta é a visão desencantada e mesmo injusta de um estranho. Mas é de um libanês a frase que define o Líbano como um "microcosmos da sociedade otomana: tolerante e plural na paz, violento e fanático na guerra"[97].

Pode ser relativamente fácil inventar um Estado – foi esse o caminho que os franceses acabaram por abrir ao Líbano. É infinitamente mais complicado fazer nascer uma nação. Esse parto é tanto mais difícil quanto as pluralidades confessional e comunitária são

---

[97] *Le Moyen Orient Eclateé, 1956-2006*, de Georges Corm, página 411.

origem e horizonte deste país exíguo e acidentado. Não resisto a citar Youakim Moubarac, quando ele sustenta que "reconstruir o Líbano é converter os nossos particularismos em património comum e as nossas diferenças em atracções folclóricas para o nosso parque nacional" [98]. Este pode ser o destino que a mais recente guerra mudou.

O Líbano já tinha resistido a uma ocupação de 18 anos. Mas fê-lo com a cobertura de um tutor. Agora voltou a fazê-lo, mas por si próprio, para si próprio e apesar da comunidade internacional. Os livros de História talvez acabem por registar os terríveis meses de Julho e Agosto de 2006 como os do verdadeiro nascimento da nação. Nesta hipótese, um fio invisível ligaria o fim da tutela síria em 2005 à resistência de 2006. Esse fio não é o dos protagonistas, bem diferentes em cada um dos momentos, mas o da afirmação soberana de um povo. Se o Mundo der ao Líbano essa oportunidade e os libaneses aproveitarem, pode acontecer.

---

[98] *Un Homme d'Exception,* capítulo IV, página 115.

PARTE II

Trinta e três dias de guerra

VIAGEM

Estive em Beirute entre 25 e 27 de Julho de 2006. A guerra ia a meio e saí de lá pessimista. Muito pessimista.

Para não correr o risco de se enganar, Patrick Renauld, alto funcionário responsável pela delegação da União Europeia no Líbano, abre o seu caderninho de notas e lê a posição que Bruxelas vai apresentar no dia seguinte, 26 de Julho, à Conferência Internacional de Roma, um dos muitos *flops* diplomáticos que acompanharam a guerra: "Uma força multinacional sem mandato das Nações Unidas, com duração de três a quatro meses e a missão de ajudar a reconstruir o Líbano e desmilitarizar a região". Naquela terça-feira, a diplomacia de Bruxelas ainda se agarrava desesperadamente à visão norte--americana do conflito, que viria a ser abandonada alguns dias mais tarde.

Na conferência de Roma, Condoleezza Rice não queria ouvir falar em fim de hostilidades. Talvez ainda acreditasse que a operação de Israel podia resolver-se em dias. A imprensa de referência norte-americana comungava, então, da mesma fé: "Temos uma oportunidade para desgastar realmente o *Hezbollah*. Vamos aproveitá-la mesmo que se verifiquem outras consequências graves que tenhamos de gerir" [99]. Ou talvez já não estivesse tão convicta. A guerra ia no seu décimo terceiro dia e a Resistência não dava sinais de enfraquecer. Contudo, queria dar ainda tempo aos israelitas, enquanto os pressionava para intensificarem a guerra. A posição de Bruxelas é que não agradava a ninguém. Criticava o "uso desproporcionado" da força sem reclamar

---

[99] Michael Abramowitz, no *Washington Post* de 22 de Julho, de 2006.

o cessar-fogo que Kofi Annan propunha desde 22 de Julho; e pre-dispunha-se a uma Força Multinacional aliada de Israel, que não tinha como se implantar no terreno sem um prévio cessar-fogo.

A França começava a suspeitar disso mesmo e caía em si. O arrastamento do conflito e o modo como ele estava a realinhar a própria política libanesa obrigava-a à revisão das alianças. Mesmo que Paris tivesse intenção de substituir Damasco no papel de tutor, de que lhe servia um país escavacado? No Eliseu, em surdina, faziam-se cálculos similares aos das capitais árabes moderadas, que inicialmente tinham compreendido a iniciativa de Telavive e criticado asperamente o *Hezbollah*: se a guerra dura, Israel perde. Nem sonhar, portanto, em alimentar a ficção de uma força multinacional que conclua um trabalho de que nem o *Tsahal* se consegue encarregar...

Do lado libanês, e após uma hesitação inicial, o governo passou a uma posição surpreendentemente firme na exigência de um cessar--fogo imediato e digno para um país que estava a ser atacado. Fouad Siniora [100], depois de se ter demarcado da acção de comandos que serviu de pretexto à invasão, dizendo que não fora do seu prévio conhecimento – o que era factual –, abandona qualquer ideia de neutralidade ante o conflito e multiplica declarações contra a agressão.

Esta cadeia de ajustamentos e rectificações de posição não era ainda clara nos dias que passei em Beirute. Antigas e novas colocações misturavam-se. As tendências que a segunda metade da guerra revelaria apenas se começavam a pressentir.

No dia da Conferência de Roma encontro deputados do *Hezbollah*. A pergunta de algibeira mais óbvia, dada a desproporção de forças

---

[100] Fouad Siniora (1943). O primeiro-ministro libanês nasceu em Sídon, cidade de origem da família Hariri. Licenciado pela Universidade Americana de Beirute, trabalhou para o Citibank e na comissão de auditoria do banco central, antes de se transformar no braço direito dos negócios do anterior primeiro-ministro. Foi ministro das Finanças de Rafic Hariri entre 1992 e 1998 e de novo entre 2000 e 2004. Dada a inexperiência de Saad Hariri, Fouad Siniora foi a solução encontrada pelo bloco parlamentar maioritário para o governo. Quando assumiu o papel de primeiro-ministro, renunciou à presidência do grupo Méditerranée.

no terreno, era "quantos dias aguentaria ainda Nasrallah?". Claro que isto não se pergunta exactamente assim. Mas, se o tivesse feito, não creio que afectasse os dois interlocutores. Não existia, nas suas faces ou no que diziam, grama de desespero. Eram excelentes actores? Para o caso, era irrelevante. A minha preocupação incidia nos caminhos para uma solução política. Responderam sem novidade, com o que lhes ouvira três meses antes – que estavam abertos a discutir a integração das suas armas e combatentes no exército, mas apenas no quadro do diálogo entre libaneses. Saí do encontro convencido que, daquele lado, a guerra prosseguiria enquanto Israel insistisse. E pensei com os meus botões que, do "outro lado", muitos deviam estar a pensar exactamente do mesmo modo, mas ao contrário... Boas notícias era o que não levava dali. Como não as levei do encontro seguinte, com uma bateria de oito deputados do *Amal*. O seu presidente, Nabih Berri, fazia na altura de pombo-correio entre Nasrallah e quem precisasse de o ouvir. Ainda não chegara o momento em que os norte-americanos passariam a negociar directamente com os ministros do *Hezbollah* os termos da resolução das Nações Unidas...

As piores notícias provinham, contudo, do "bloco do 14 de Março". O discurso público dos seus responsáveis mantinha uma aparência de unidade nacional contra o agressor e procurava não descolar do governo. Essa era a exigência do povo, e Walid Jumblatt concordava: "Em tempo de guerra não se limpam armas". Mas, em privado, vários atiravam com toda a responsabilidade para o *Hezbollah* e quase rezavam por uma vitória rápida de Israel. Um deles, Samir Frangieh, conseguiu, ao longo de uma hora de explicações, dedicar minuto e meio a Israel e justificar a sua atitude. Era adepto de uma esdrúxula teoria que, aliás, percorreu mundo: o *Hezbollah* tinha raptado os dois soldados israelitas a pedido de Teerão... "para prevenir, sacrificando o Líbano, um conflito directo que Damasco estava a ultimar contra Telavive". Se este tipo de "passanço conspirativo" fizesse doutrina nos círculos libaneses pró-ocidentais, seria de recear o pior.

Ante a guerra, o "bloco do 14 de Março" tinha dificuldade em fazer-se ouvir a uma voz. O massacre ocorrido a 30 de Julho em

Qanã, onde 28 pessoas morreram soterradas, ajudou a separar águas. Ao contrário do seu sobrinho, Saad Hariri, a irmã de Rafic vem a público e, entrevistada pela *Al-Jazira*, apoia a resistência. Nem sempre foi assim. Parte deste bloco continuou a sonhar em privado com a solução militar que resolvesse, por eles, o problema das armas do *Hezbollah*. Quem fez a escolha da sua vida foi o primeiro-ministro. Não capitulou. Independentemente da opinião que pudesse ter sobre a captura dos dois soldados israelitas, Fouad Siniora uniu o seu futuro ao destino da guerra. Pode dizer-se que não fez mais do que a sua obrigação, à luz da declaração de investidura do seu governo. Mas é certo e seguro que sofreu pressões externa e internamente, em sentido contrário. Fouad Siniora revelou-se um dos grandes erros de avaliação dos norte-americanos e israelitas. Olhado à distância, o seu cálculo compreende-se melhor. Se capitulasse, à guerra contra o ocupante seguir-se-ia, inevitável, a guerra civil. Pelo contrário, se a resistência islâmica aguentasse tempo suficiente para que a guerra se tornasse politicamente insustentável, o país e ele próprio também ganhavam. Presidiria ao governo de uma terra ferida, é certo. Mas esse cenário era infinitamente mais prometedor do que dirigir uma terra dizimada pelo retorno dos ajustes de contas que se seguiriam a uma capitulação anti-patriótica. Fouad Siniora optou pelo Líbano e fez bem. A alternativa era um mini-Iraque.

Regresso a Damasco pela estrada de montanha por onde entrara três dias antes. A fronteira ainda estava aberta, mas o cenário mudara. Descendo para o vale da Bekaa, novos camiões de alimentos jazem, calcinados, nas bermas. A caixa aberta de um deles mostra ainda os seus legumes. Um pouco mais abaixo, uma jornalista da *Al-Jazira* faz o seu trabalho com uma vila por cenário. Também aí tinham caído os castigos do céu. Israel atacara pela manhã as encostas do vale. Voltaria a fazê-lo, por diversas vezes, até ao cessar das hostilidades. E ainda depois de declarado o fim das hostilidades, em flagrante violação da Resolução 1701.

Decidi não me preocupar com a segurança, mesmo quando algum camião tapava a vista às adoráveis banheiras – Dodges e Chevrolets dos anos 50 – em que seguíamos. Pensei, isso sim, na incapacidade que tivera para confortar Fawaz Hanadi antes da partida. Conheci-a em 2005, em Tiro, a cidade costeira mais próxima da fronteira com Israel. Fawaz é vereadora, eleita como independente nas listas do *Hezbollah*, mas não encaixa no retrato-robot que apresenta os militantes do Partido de Deus como integristas barbudos, e as militantes como esposas cobertas e dedicadas. Fawaz tem 38 anos e não é nem casada, nem viúva. Deste lado do Mundo, a condição de solteira paga-se com isolamento e suspeição, qualquer que seja a religião. Por ali ninguém se esquece de que Eva veio ao Mundo da costela de Adão, com a missão de procriar e administrar as lides domésticas. Para piorar o seu caso, Fawaz não cobre os cabelos, usa *jeans* e fuma. Parece ocidental, portanto... Por que a convidaram os "fanáticos"? Porque, *oh heresia*, durante anos dirigiu um projecto de diálogo inter-comunitário no Sul do Líbano, de resto financiado pela União Europeia...

Enquanto a viatura acelera em direcção à fronteira, revejo a sua ansiedade. Fawaz abandonou a sua casa ao quinto dia de bombardeamentos. Quando a reencontrei, já em Beirute, tinha medo. Não era um medo físico, nem sequer aquele que se podia sentir, naqueles dias, em zonas de perigo. O que a aterrorizava era o que poderia estar para vir, uma nova guerra, em formato de vindicta anti-xiita. Atirava perguntas para o ar, sem esperar resposta: "Que culpa tenho de ter nascido xiita"? "Que mal fizemos ao Mundo?". Fui incapaz de lhe moderar os receios. Na verdade, eu mesmo esperava o pior. Pressentia na sua voz o renascimento das contas por saldar. Que sunitas e cristãos culpassem a sua comunidade pela destruição que os bombardeiros de Israel transportavam consigo. Enquanto esteve em Tiro recebeu muitos telefonemas de apoio, mas foram raros os de amigos cristãos ou sunitas... Ela suspeitava que eles pudessem não entender o que qualquer observador insuspeito de simpatia pelo *Hezbollah* já então intuía – que o Líbano fora sequestrado por Israel e não pela Resistência.

Do meu lado, a preocupação com a "proposta europeia" de Força Multinacional para desarmar o *Hezbollah* continuava. Ela prolongara as declarações que já então se faziam, em Telavive, sobre o imediato pós-guerra. Um corpo estrangeiro com a missão de "desmilitarizar o Sul" só podia ser visto pela população como um novo ocupante. E quantos o acolhessem, como traidores. Receava igualmente que Fouad Siniora acabasse por ceder a quantos, no seu barco, desejavam em segredo isso mesmo. Naquela quarta-feira à noite, num pequeno restaurante de petiscos, um dos raros ainda abertos, era para cenários iraquianos que voavam os piores receios. Desajeitado, lá disse a Fawaz que o Líbano acabaria por vencer. Não esqueço a resposta: "Enquanto esperamos a vitória, não ficará uma só casa de pé". Tinha-me esquecido de que ela atravessara infância e adolescência em ambiente de guerra. Só podia odiá-la.

Um dia depois do fim das hostilidades, a 15 de Agosto, enviei--lhe um *sms* esperançoso. Resposta: "Adoro os engarrafamentos de Beirute". A vida regressava à cidade e, pelos vistos, também a ela. Mas era ainda cedo demais. Quando a sua mãe ficou em condições de viajar, Fawaz levou a família de volta a casa. Esta aguentara-se. Tinha apenas algumas rachas. Mas não as habitações de vários dos seus amigos e amigas. Recebo então um novo *sms*: "Odeio os israelitas. Desejo-lhes mais destruição do que a que fizeram à minha cidade. Estou traumatizada". Retorqui de imediato: "Guarda a raiva mas livra-te do ódio. Para que um dia tu e o teu povo possam perdoar sem esquecer". Não sei se acertei nas palavras. Foram as que saíram, as que soube teclar.

Tem sorte quem nunca passou pela guerra. Quem apenas a conhece dos livros, jornais e imagens de televisão. Estou entre os privilegiados. Em Beirute, não conheci a guerra, ela não me foi apresentada. Passei aqueles três dias no lado que Israel poupou. Ouvia passar os aviões ou o rebentar das bombas à distância, secas e graves, mas elas pareciam cair do outro lado do mundo, que era onde ficava a periferia Sul da capital libanesa. Reconheço a guerra pelas marcas que ela deixa pelos lugares onde chega. Mesmo aí, apenas se vêem as feridas expostas: os edifícios destruídos, as estradas bloqueadas e as crateras abertas por bombas e mísseis. Só a literatura e a ficção conseguem revelar outras feridas. A televisão não. Ela mostra-nos a dor que se esconde nos escombros da guerra, nos cemitérios ou nas valas comuns. Mas mostrar e sentir estão longe de ser sinónimos. Depois, as câmaras iludem. A morte, a destruição e a miséria são perversamente cenográficas. E ao fim de alguns dias, o que vemos perde significado, é mais uma notícia, a mesma de ontem e de anteontem e, quase certo, a de amanhã. Na televisão portuguesa os noticiários deixaram de abrir com o Líbano ao 25.º dia de guerra. Já cansava, dir-se-á. Do lado de cá da guerra cansamo-nos rápido. Durasse ela outro tanto e passava à secção de desgraças iraquianas. Aí, há muito que já não se somam os dias e perdeu a conta aos mortos. "Aquilo" é o dia-a-dia. Quando assim é, as câmaras podem entrar nas ruínas de famílias amputadas, estropiadas e destroçadas, mas são incapazes de nos transportar para dentro dessa realidade. Ficamos de lado, imunizados, aturdidos ou indiferentes. Os mais atentos e sensíveis ainda podem intuir e imaginar a angústia dos dias sob o som das explosões e das sirenes. Podem indignar-se com a dificuldade de viver sem água canalizada ou electricidade. Mas falta, sorte de um raio, a experiência. Não se imagina o que seja viver sem frigorífico e sem água potável em terras onde a temperatura sobe facilmente aos 40 graus. É possível sobreviver, claro. Os nossos antepassados eram capazes de viver assim. Os deles também. Mas ninguém se resigna – e muito bem – à regressão. Isso, a guerra em directo, mostrando, esconde. Como não consegue mergulhar na ansiedade das noites sem sono que perseguem vítima e guerreiro muito para lá da guerra acabada.

Quando falamos de guerra, a palavra justa é horror, nada menos do que o horror. Por vezes, esse desastre surge como inevitável. Não foi o caso deste conflito. Ele devia e podia ter sido evitado. Pelo menos, podia ter sido adiado. Deveria ser essa a arte e a responsabilidade da política, não ceder à força das armas. Pela enésima vez, há que tirar as lições.

PALESTINA

A guerra no Líbano devia ter sido evitada na Palestina. Foi aí, nos territórios ocupados por Israel, que o *Quarteto*[101] que acompanha o "processo de Paz" deu a Telavive o sinal errado. Se em Janeiro de 2006, na sequência das eleições legislativas, a União Europeia e a Rússia tivessem agido como deviam, os planos militares de Israel teriam continuado na gaveta. Teriam ganho, pelo menos, algum bolor. Mas Washington respondeu à vitória do *Hamas*[102] com um bloqueio económico e político ao novo governo e Bruxelas acompanhou. O Egipto e a Jordânia, sempre prestáveis, atrelaram-se por sua vez à Europa e o cerco fechou-se.

A história breve deste conflito é a do bloqueio. Todos os observadores reconheceram as eleições palestinianas como as mais democráticas até hoje realizadas no mundo árabe. Bem mais limpas do que as libanesas; e incomparavelmente mais transparentes do que as egípcias, onde os "bons" só ganharam à custa de monumentais

---

[101] Nome por que é conhecido o grupo constituído em Junho de 2003 pela ONU, União Europeia, Estados Unidos e Rússia e que acompanha o conflito israelo-palestiniano, através de um *road map* que Israel e a Autoridade Palestiniana aceitaram. Se tudo corresse pelo melhor, haveria Estado Palestiniano em cinco anos. Sem fronteiras definidas...

[102] As eleições realizadas no fim de Janeiro de 2006 na Palestina deram a maioria absoluta dos deputados ao *Hamas*, apesar de este movimento ter tido menos de 50 por cento dos votos. Se o sistema eleitoral fosse proporcional, a *Fatah* e os três partidos da esquerda laica teriam tido uma maioria relativamente confortável. Mas a *Fatah* impôs uma lei eleitoral mista, com círculo nacional proporcional e círculos distritais maioritários. Feita por medida... acabou por beneficiar quem queria prejudicar.

102 | NO LABIRINTO

chapeladas e detenções em massa dos militantes da *Irmandade Muçulmana*.

Os palestinianos foram ingénuos. Julgaram poder votar em quem quisessem. O bloqueio veio explicar-lhes, *a posteriori*, que a democracia não é bem isso... Pelo menos Telavive teve a virtude da franqueza: fez o que pôde para impedir o *Hamas* de concorrer. Ante a negativa europeia, os EUA decidiram não dar lastro às exigências de Ariel Sharon. Nesse exacto momento os palestinianos acreditaram que o ocidente respeitaria a sua vontade. Foram enganados. E nós, europeus, também. Participando no bloqueio, Bruxelas não traiu apenas os valores democráticos de que se reclama; disse a Washington e Telavive que tinham a via livre. Seis meses depois, uns e outros não se fizeram rogados.

Em consequência do bloqueio, a situação social nos territórios ocupados, que estava longe de ser famosa, deteriorou-se a olhos vistos. De acordo com o Banco Mundial, 50 por cento dos palestinianos sobreviviam, em 2005, abaixo de uma linha de pobreza definida na base de 455 dólares mensais para uma família de quatro adultos e duas crianças. Essa percentagem cresceu significativamente nos últimos nove meses. 80 por cento da população da faixa de Gaza, mais de um milhão de pessoas, depende actualmente da ajuda alimentar do organismo das Nações Unidas para os Refugiados. É o próprio Director da UNRWA[103] que denuncia: "Todos os elementos de uma existência civilizada se estão a afundar. Os serviços públicos encontram-se num estado de deliquescência. A electricidade é racionada. Os homens de negócios partem. A população tem a sensação de viver numa prisão". A ocidente não se faz a menor ideia de como funciona a economia palestiniana. Nenhuma mercadoria entra, ou sai dos territórios ocupados, sem passar pelo controlo israelita. Nenhuma firma palestiniana pode dispensar o transporte por uma empresa israelita, que fixa preços de monopólio. Os contentores de bens importados

---

[103] *Le Monde*, 13 de Setembro de 2006.

podem ficar semanas e meses nos portos de Israel, que diariamente facturam o pousio. Com as exportações de Gaza, é pior. A União Europeia investiu fortemente num projecto de recuperação das suas estufas, para efeitos de agricultura de exportação. Os legumes e frutos têm que sair através de uma única fronteira, que Israel fecha ou abre a seu bel-prazer. Carregados em camiões, esperam até que a alfandega os vistorie à velocidade de caracol. Quando tudo corre bem, passa um camião por dia. Mas do lado israelita, ele tem que aguardar pela conclusão do controlo de todos os outros...

A economia palestiniana é um milagre que desafia todas as leis conhecidas. Inúmeros projectos dos palestinianos da diáspora aguardam que Israel a entrada no país. Ninguém investe, se não pode acompanhar a aplicação dos fundos. A situação não é melhor para os empresários palestinianos que regressaram a Gaza e à Cisjordânia, mas mantêm os seus passaportes de origem. Eles tinham que se dirigir, de três em três meses, à fronteira com a Jordânia, para aí solicitarem novo visto para mais um trimestre. Mas agora nem isso. Israel deixou de renovar as autorizações. Quem saiu não consegue reentrar.

Com uma economia em estado de sítio, as taxas de crescimento palestinianas assemelham-se a uma montanha russa. Qualquer melhoria no quadro político permite progressões de tipo asiático. Mas uma ofensiva como a que está a decorrer pode significar um "crescimento negativo" de 20 ou 30 pontos percentuais. Desde 2000, a tendência é de queda pronunciada. Na faixa de Gaza, o desemprego atinge 65 por cento da população. Em consequência, a sobrevivência de cada família depende das pequenas remessas da diáspora e das redes de solidariedade da família alargada. Neste contexto, o não pagamento de salários aos 160 mil funcionários públicos, professores, técnicos de saúde e polícia, fizeram entrar os territórios ocupados na antecâmara do caos.

O orçamento da Autoridade Palestiniana tem como principal receita, os impostos cobrados pelo ocupante. Por acordo entre Telavive e a OLP, esse recurso é devido aos palestinianos. Mas desde Março, Israel retém os impostos que cobra. A dívida de Telavive a Ramallah ultrapassava, em Setembro, os 650 milhões de dólares. Há sete meses sem salários, os trabalhadores passaram à greve, instigados pelos sindicatos, afectos à *Fatah*. Protestam contra um governo com os cofres vazios. É estúpido, mas que alternativas têm as famílias, sem recursos, sequer, para as despesas do início do ano escolar?

Por causa do bloqueio, também o auxílio externo da União Europeia esteve parado durante meses. Bruxelas libertou, entretanto, 106,5 milhões de euros para ajudas de urgência. Mas 40 milhões foram directos para os cofres de Israel. As facturas da electricidade, dos combustíveis e da água dos hospitais, antes pagas pela Autoridade Palestiniana com a pele do próprio urso, ou seja, com o dinheiro dos impostos recolhidos por Telavive, passaram a ser pagas por Bruxelas. O remanescente da verba europeia está neste momento a subsidiar 12 mil trabalhadores do sector da saúde, 50 mil pensionistas e 40 mil famílias em situação social mais desesperada. Este mecanismo de ajuda temporária, que começou a funcionar em Agosto, está longe de se poder considerar uma boa solução. Se ninguém o contesta na Palestina, é porque a carência é de tal ordem, que cada um guarda para melhor ocasião as críticas. Na verdade, trata-se de uma invenção tão brilhante quanto perigosa. Desde logo, porque coloca a Europa a pagar a política norte-americana e israelita. Só a União Europeia e 13 Estados europeus contribuem para o fundo que alimenta o mecanismo. Depois, porque é um sistema que, esvaziando completamente as funções do governo da Autoridade Palestiniana, a dispensa. Todo o dinheiro se move entre transferências bancárias, directamente do doador ao beneficiário. Neste momento, a pressão do *Quarteto* é para que Israel entregue a este sistema os impostos que retém ilegalmente. Se tal vier a suceder, é a própria ideia de Autoridade Palestiniana que é posta em causa. E o temporário transformar-se-ia em eterno...

Entre o *Hamas* e a *Fatah* as relações deterioram-se. Dito assim, até parece simpático. Na verdade, o castigo ao voto palestiniano colocou o país à beira da guerra civil. Existem fundadas razões para admitir que o objectivo era mesmo esse – a bem ou a mal, o *Hamas* tinha de ser posto fora do governo.

Norte-americanos e europeus defenderam o bloqueio como modo de obrigar o movimento islâmico a abandonar o terrorismo e a reconhecer o Estado de Israel. Nenhum dos argumentos procede. O *Hamas* manteve, até meados de Junho deste ano, durante 16 meses ininterruptos, uma trégua sem quebra. Nem um dos 600 morteiros Qassam caídos em Israel depois da retirada unilateral da faixa de Gaza se lhe podem atribuir. O movimento não renunciou formalmente à violência. Mas nenhuma formação palestiniana, até hoje, abdicou dessa prerrogativa, que inscrevem no direito de resistência.

Antes e após as eleições, o *Hamas* multiplicou sinais de "boa vontade" no tocante ao reconhecimento do Estado hebraico, uma das histórias mais mal contadas desta crise. Comecemos pelo óbvio: o *Hamas* nunca "engoliu" a criação de Israel. O mesmo aconteceu com a *Fatah*, que hoje o Ocidente considera "moderada". Os árabes acreditaram até muito tarde numa solução militar para o conflito, desvalorizando a política. Mas essa dificuldade não impediu que o caminho para o reconhecimento de Israel tivesse sido iniciado, há anos, pelo próprio líder histórico do *Hamas*, o xeque Yasim [104]. O *Hamas* começou aí a percorrer a estrada que outros, antes dele, já conheciam: goste-se ou não, Israel é um facto. Aziz Rantisi, que sucedeu ao xeque Yasim, explicava, em 2002, que o objectivo da *intifada* não era deitar os judeus ao mar: "Queremos obrigar Israel a

---

[104] Xeque Ismail Yassin (1938-2004). O líder espiritual do *Hamas* cresceu nos campos de refugiados em Gaza. Ficou paraplégico, ainda jovem, após um acidente no recreio. Aderiu à *Irmandade Muçulmana* no Cairo, quando estudante da universidade al-Azhar. Em 1987 funda com Abdel Aziz al-Rantissi o *Hamas*, abandonando a posição "quietista" dos "irmãos" na Palestina. A fundação do *Hamas* teve participação israelita, interessada em pôr fim ao monopólio político da OLP. Mas foi sol de pouca dura. Em 1989, Telavive acusa Yassin de ter ordenado a execução de dois soldados israelitas, sendo condenado a prisão perpétua. Oito anos mais tarde, o xeque sunita é trocado por dois agentes da *Mossad* capturados pelas autoridades jordanas. Retoma a liderança do *Hamas*. A 22 de Março de 2004 é assassinado por um helicóptero israelita quando saía da mesquita.

106 | NO LABIRINTO

retirar-se para o interior das fronteiras de 67. Isto não significa que o conflito israelo-árabe tenha terminado, mas apenas que a resistência armada acabará nesse momento" [105]. Sem reconhecer Israel, mesmo o mais duro dos líderes do *Hamas* admitia um *modus vivendi* regulado através da política e não das armas.

Um analista do *Crisis Group*, Mouin Rabanni, sintetizava, em Janeiro o dilema da Comunidade Internacional face ao movimento islâmico: "Assim como seria *naif* tomar as recentes declarações dos dirigentes do *Hamas* como dinheiro contado, do mesmo modo será uma loucura não os colocar à prova" [106]. Nenhum governo, de Washington a Bruxelas, quis pôr à prova as intenções de Ismail Haniyyeh [107]... Esse erro custou uma guerra. A União Europeia tinha "direito de opção" – acompanhar os EUA ou respeitar a vontade das urnas. Escolheu a pior e no pior momento: quando o *Hamas*, com responsabilidades governamentais, estava disponível para acelerar a sua adaptação. No início deste ano o novo primeiro-ministro precisava os contornos da sua abertura:

– Que género de acordo está disposto a aceitar?

---

[105] A citação foi retirada de um artigo particularmente bem documentado sobre a evolução das posições do *Hamas* a este respeito, escrito pela jornalista Jennifer Loewenstein, e traduzido para espanhol e francês pela edição de *Voltaire News* de 29 de Junho de 2006.

[106] Relatório preliminar de Mouin Rabbani, de 18 de Janeiro de 2006, para o International Crisis Group, que pode ser consultado em *www. Crisisgroup.com*.

[107] Ismail Haniyeh (1962). O primeiro-ministro da Autoridade palestiniana, nasceu no campo de refugiados de Al-Shati em 1962. Filho de refugiados da guerra de 1948, formou-se em Literatura Árabe na Universidade Islâmica de Gaza. Em 1987 participa na *intifada* e é detido. Em 1989 volta a ser preso e é condenado a três anos de prisão. Em 1992 é deportado para o sul do Líbano, sob a acusação de terrorismo. Regressa a Gaza um ano mais tarde, onde é nomeado reitor da Universidade Islâmica em que se formara. Com os assassinatos de Ahmed Yassin e Abd al-Aziz al-Rantisi, Haniyeh consolidou a sua posição na liderança do *Hamas*. A 16 de Fevereiro de 2006 foi nomeado pelo seu partido como primeiro-ministro, cargo que ocupou formalmente a 29 de Março.

– O que garante a criação de um Estado Palestiniano tendo por capital Jerusalém e no interior das fronteiras de 67.
– Reconhece Israel?
– Se Israel declarar que dá um Estado aos palestinianos e que lhes restitui todos os seus direitos, estaremos prontos a reconhecê-lo [108].

Ao defender um Estado Palestiniano nas fronteiras anteriores à guerra de 1967, Ismail Haniyyeh admite que do "outro lado" está Israel. E dispõe-se a reconhecê-lo explicitamente desde que o Estado hebraico faça idêntico gesto com os palestinianos. A questão já não é de realismo – a constatação que Israel veio para ficar – mas de reciprocidade. Não escasseiam argumentos para esta posição. De facto, Telavive nunca admitiu qualquer discussão de fronteiras. Todos os acordos até hoje realizados têm por objectivo a sua própria segurança... nos territórios que ocupou em 1967.

Analisando as causas da crise, Henry Siegman colocava, dias antes do conflito, o dedo na ferida: "Israel existe. Que o *Hamas* o reconheça ou não, nada acrescenta ou diminui ao que é irrefutável. Em contrapartida, 40 anos depois da guerra de 67, não existe ainda Estado Palestiniano. A questão politicamente pertinente que se coloca é a de saber se Israel reconhece ou não o direito dos palestinianos a um Estado. E não o inverso" [109].

Emparedado entre a vitória dos islamistas e o bloqueio externo, o presidente Mahamoud Abbas [110] ensaia uma jogada arriscada: exige

---

[108] Entrevista publicada no *Washington Post*, 26 de Fevereiro de 2006.

[109] Em *The issue is not whether Hamas recognizes Israel*, publicado no *Finantial Times* de 8 de Junho de 2006.

[110] Mahmoud Abbas, também conhecido pelo nome de guerra Abu Mazen (1935). Filho de refugiados da guerra de 1948, a sua família estabeleceu-se na Síria. Diplomado pelas universidades de Damasco e do Cairo, tem ainda um doutoramento em História pela universidade de Moscovo. Pertence ao grupo fundador da *Fatah*. Em 1993, assina

do *Hamas* a renúncia ao princípio da reciprocidade com o fito de fazer cair o principal argumento do bloqueio. A 9 de Maio é divulgado um documento, subscrito pelos principais dirigentes detidos das várias facções palestinianas, que ia nessa direcção: aí se reconhece implicitamente Israel e propõe-se a auto-limitação da luta armada aos territórios ocupados. Com a assinatura dos heróis e a vida quotidiana num inferno, o presidente estava seguro do apoio da população a esta iniciativa. Face às reticências do *Hamas*, ameaça referendar o documento [111]. Em fins de Junho, o Presidente ganha. Em troca, o *Hamas* obtém a disponibilidade da *Fatah* para integrar um governo de unidade nacional, solução que esta recusara após as eleições.

O pré-acordo entre as duas facções – que viria a ser retomado a 18 de Agosto e a 11 de Setembro, antes de ser rasgado no fim desse mês – afastava o espectro da guerra civil. Abria caminho para que a Autoridade Palestiniana voltasse a falar a uma só voz. É este o preciso contexto em que os israelitas decidem reentrar em Gaza...

Claro que houve um pretexto. Há sempre um pretexto. O rapto do soldado israelita Gilad Shevit caiu como uma dádiva dos céus para Telavive, onde também tinham decorrido eleições em fins de Março. O novo governo queria ser posto à prova. Assente numa aliança entre

---

com Arafat os acordos de Oslo. De tendência moderada, este dirigente da OLP entrou várias vezes em conflito quer com os sectores mais radicalizados do seu movimento, quer com o próprio Arafat. Após a morte deste, é o preferido por norte-americanos e europeus. Candidato indigitado pela *Fatah* às eleições presidenciais de Janeiro de 2005, vence facilmente Mustapha Barghouti, representante da esquerda laica. A coexistência com o *Hamas* tem sido tudo menos fácil.

[111] O chamado "documento dos prisioneiros" foi assinado pelos dirigentes prisionais da *Fatah*, *Hamas*, Jihad Islâmica, Frente Popular para a Libertação da Palestina e Frente Democrática de Libertação da Palestina. Uma análise da evolução da opinião pública palestiniana em relação ao documento e aos diferentes protagonistas políticos da crise pode, com interesse, ser consultada em *www.nearestconsulting.com*. Pode também ser obtida por motor de pesquisa pedindo o *press release* de 2 e 3 de Junho deste centro de opinião pública, intitulado *The Palestinian National Dialogue and call for a referendum survey*.

o *Kadima* – novo partido centrista criado por Ariel Sharon antes de cair em coma – e o *Labour*, foi colocado sob suspeita pela forte extrema-direita israelita. Agravando desconfianças, o novo primeiro-ministro entrega a Amir Peretz[112] a pasta da Defesa. Quando se coloca uma "pomba" à frente do exército, de duas uma: ou ela voa ou mergulha de cabeça na guerra. Não consegue é ficar quieta. Peretz decidiu provar que não estava na Defesa para dormir com o inimigo. Pouco lhe importou que Gilad Shevit fosse um soldado e não um civil. O sequestro, efectivamente humilhante para o *Tsahal*, deu-lhe uma oportunidade de ouro para exibir firmeza. A tragédia deste conflito foi, também, o da sua circunstância: ao inferno intra-palestiniano somou-se um governo israelita suspeito de "pacifismo", e as duas fraquezas acabaram por se encontrar na guerra.

Por que quebrou o *Hamas* a sua trégua, envolvendo-se com duas outras organizações na captura de Gilad Shavit? Também havia pretexto... Para a asneira, há sempre pretexto. Durante os meses de Maio e Junho, Israel volta a aumentar o número das acções punitivas nos territórios ocupados, sem qualquer pretexto. O exército testava os nervos do *Hamas*, já no limite. A 8 de Junho, um navio de guerra executa uma provocação particularmente odiosa: dizima uma família de oito pessoas numa das praias de Gaza. Nesse dia, o copo transbordou e o *Hamas* anunciou o fim da sua trégua unilateral.

A possibilidade de "linhas pragmáticas" vingarem na Palestina ocupada sempre dependeu dos resultados que pudessem trazer à

---

[112] Amir Peretz (1952). O actual ministro israelita da Defesa nasceu em Marrocos. Oficial paraquedista na guerra de Yom Kippur, foi gravemente ferido. Com 30 anos concorre à câmara de Sderot, pondo fim a uma longa liderança da direita na cidade. Eleito deputado em 1988, assume a presidência da poderosa federação sindical, o *Histadrut*, em 1995. Em 1999, abandona os trabalhistas pela esquerda. O seu novo partido tem êxito modesto. De regresso à casa-mãe, é surpreendentemente eleito líder dos trabalhistas em 2005. Nas eleições gerais de Março de 2006, resiste bem à formação do novo partido centrista, que lhe leva a ala direita do partido. Mas a promessa de uma liderança de esquerda morre a 4 de Maio, quando ocupa a pasta da Defesa. Mês e meio mais tarde perceber-se-ia que era a da Guerra...

110 | NO LABIRINTO

população. Aguentar, sem quebra de disciplina, 16 meses de tréguas quando sucessivas vagas de dirigentes são executados por meios extra--judiciais não é fácil, mesmo para um partido com nervos de aço. A chegada a um governo que foi literalmente impedido de o ser agravou a situação. Tudo, externa e internamente, se conjugou num poderoso cerco. A cadência das provocações israelitas foi a gota de água que fez oscilar a linha de prudência traçada pela direcção do partido islâmico.

Nada disto é novo. Anos antes, sob o evidente fracasso dos acordos de Oslo, também Yasser Arafat e Marhwan Barghouti [113] se confrontaram com o mesmo dilema. Eles sabiam que lançar morteiros artesanais para o "outro lado" não tinha qualquer efeito militar prático. Por muito que um sionista militante como Bernard-Henry Lévy descreva Sdérot como uma "cidade mártir" de "ruas vazias" e "casas esventradas ou crivadas por fragmentos de obuses" [114], a verdade é que, nos últimos cinco anos, os engenhos lançados de Gaza sobre o vizinho israelita fizeram duas vítimas mortais... Os homens-bomba também não agradavam à *Fatah*. Só desesperavam a população israelita, além de isolarem internacionalmente a causa palestiniana. Mas esta não era a única racionalidade a que obedeciam os dirigentes

---

[113] Marwan Barghouti (1959). É seguramente o mais popular líder palestiniano da actualidade. Capturado em 2002, recusou defender-se, sustentando a ilegalidade do tribunal. Do banco dos réus apoiou a resistência armada, mas condenou os ataques a civis. Foi sentenciado em 2004 a cinco prisões perpétuas e ainda a 40 anos de prisão por tentativa de homicídio. Nascido em Ramallah, é militante da *Fatah* desde os 15 anos. Foi um dos principais líderes da *intifada* de 1987. Preso e deportado para a Jordânia, regressa à Palestina após os acordos de Oslo em 1994. Em 2000 acusa a administração Arafat de corrupção e os seus serviços de segurança de violarem os direitos humanos. Quando se inicia a segunda *intifada*, lidera as brigadas de al-Aqsa, a verdadeira razão da sua detenção. Para as gerações da *Fatah* nascidas no interior dos territórios e que criticam a corrupção no partido, ele é a referência. Autor do "documento dos prisioneiros" de Maio de 2006, defende a aproximação de posições entre a *Fatah* e o *Hamas*.

[114] Reportagem publicada no *Le Monde* de 8 de Julho de 2006.

da Palestina. Eles respondiam, antes do mais, pelo seu povo. E este estava cada dia mais exasperado pelo fracasso das promessas de uma paz que, afinal, apenas prolongava a ocupação.

No momento em que escrevo encontra-se em exibição o filme *Paraíso Agora*, de um realizador palestiniano, Hany Abu-Assad. É de visão obrigatória para quem se interesse pelo mundo visto do "lado de lá" do muro e dos *check-points* israelitas. Na decisão de um jovem se fazer explodir entram múltiplos factores, e o realizador, sem julgamentos de valor, ajuda a desvelar essa mesma complexidade. No caso, pesou bem mais o desamor próprio do que o fanatismo ou qualquer compreensão racional sobre a necessidade de "dar a vida". O "mártir" de *Paraíso Agora* não sonhou com as *virgens* que o esperariam lá em cima. Não é isso que o move. É um tipo normalíssimo, talvez ensimesmado, mas com falta de motivos para continuar a viver como vive. Complementarmente, ele alia a essa tristeza quotidiana uma culpa que é tão judaico-cristã como muçulmana, pelo facto de seu pai ter sido um colaborador do ocupante.

O drama com que se defrontaram Arafat e Barghouti foi o da continuidade da ocupação, apesar dos acordos que fizeram. Não se trata de "política" na acepção que o senso comum lhe dá, mas de quotidianos. A vida sob ocupação nunca é "normal". Faz das "pessoas normais" gente "de excepção". A ocupação israelita parece ter sido inventada para, mesmo nas mais pequenas coisas, tornar tudo ainda mais difícil, senão impossível. E humilhante, sempre.

Quem melhor tem descrito essa realidade são, paradoxalmente, os escritores e jornalistas de Israel. Gideon Levy é um deles. Porta-voz de Shimon Peres[115] na década de 80, era então um sionista moderado. "Antes de ir aos territórios era como toda-a-gente", confessa. O acontecimento que o modificou não teve nada a ver com

---

[115] Shimon Peres (1923). Polaco de origem, imigra ainda jovem para Telavive, onde chega com a família em 1934. Em 1947, foi recrutado para a *Haganah* e nomeado responsável pelo pessoal e a compra de armas. Trabalhista, foi primeiro-ministro entre 1984 e 1986 e em 1995, ministro dos Negócios Estrangeiros em 2001 e 2002 e vice-

112 | NO LABIRINTO

jogos de poder. Cobrindo como jornalista do *Há'aretz* a primeira *intifada*, é prevenido pelo seu fotógrafo de que uma palestiniana tinha sido impedida por três *check-points* de chegar a uma maternidade em Jerusalém Leste. "Não acreditei. Sádicos numa barragem era possível. Em três, não". Investigou e era verdade. Na terceira barragem, a mulher teve o bébé no táxi e suplicou aos soldados que a deixassem ali, mas levassem a criança ao hospital. "Também isso lhe recusaram". Ela fez o trajecto a pé. À chegada, a criança tinha morrido. "Aí compreendi que algo de horroroso nos tinha possuído. Os nossos jovens não são monstros. A maioria levaria a mão à algibeira para as vítimas de um sismo no México. Por que se desumanizam face aos palestinianos? Porque a rotina da ocupação os leva a deixar de ver nos árabes pessoas como eles". Gideon Levy está convencido que um cancro "mais ameaçador do que todos os terrorismos corrói Israel: a ocupação de um outro povo" [116].

Esse cancro contamina também os ocupados. Na viragem do milénio, eles tinham perdido a esperança na paz de Oslo [117]. Do mesmo modo que antes apoiara os acordos, a população passou a exigir acção e a aplaudir quem a concretizava. O espírito do tempo não é

-primeiro-ministro de Ariel Sharon em 2005. Abandona os trabalhistas em Dezembro do ano passado e adere ao *Kadima*, o partido que Ariel Sharon fundara um pouco antes. Actualmente, é de novo ministro. Em 1994, pelo seu papel nas negociações de Oslo, ganha o prémio nobel da Paz com Yitzhak Rabin e Yasser Arafat.

[116] Retrato de Gideon Lévy publicado pelo *Le Monde*, 5 de Setembro de 2006.

[117] Os Acordos de Oslo foram assinados por Mahmoud Abbas e Shimon Peres, em Washington, a 13 de Setembro de 1993. Um segundo pacote, conhecido por Oslo II, foi subscrito em Setembro de 1995. No essencial, previam um estatuto de autonomia palestiniana em zonas especificamente negociadas para o efeito no interior dos territórios ocupados. Um acordo de carácter permanente seria negociado até Maio de 1996. Problemas como Jerusalém, refugiados, colonatos israelitas, direito de água, segurança e fronteiras foram adiados. A Cisjordânia e a Faixa de Gaza foram divididas em três zonas: a Área A, de controlo total palestiniano, correspondia a 17,2% do território; a B, de controlo civil pela Autoridade Palestiniana e militar pelo Exército de Israel, incidia sobre 23,8% do território, aí se concentrando a grande maioria das cidades e vilas; finalmente, a Área C, de controlo total pelo Governo de Israel, equivalia a 60 por

difícil de entender: pode ser que à bomba nos oiçam... Na encruzilhada, Arafat e M. Barghouti acabaram por casar "duas linhas", uma "diplomática" e outra "militar". Falharam em ambas. Entre a primeira *intifada*, a das pedras, e a segunda, a da militarização da resistência, os palestinianos perderam. E os seus lideres também. Em 2006, o *Hamas* foi apanhado pela mesmíssima tenaz. Com uma diferença, nada despicienda: a sua trajectória ia das armas para a política. Ninguém lhes deu tempo, espaço ou estímulo para consolidarem a escolha.

---

cento dos territórios, mas quase sem palestinianos. Israel e OLP trocaram ainda cartas de mútuo reconhecimento mútuo, e a última renunciou ao terrorismo. Disposições de natureza económica agregaram-se à documentação acordada. Os acordos suscitaram oposição forte dos dois lados. Mas a opinião palestiniana só começou verdadeiramente a mudar quando percebeu que a esperança morria num acordo que deixava à parte quase todo o poder forte.

ISRAEL

Bloqueio: eis a palavra maldita que persegue a Palestina. Não tanto o bloqueio do *Quarteto*, de um ou de outro modo condenado a morrer depois dos desastrosos resultados que a última campanha no Líbano trouxe a Israel. Refiro-me, antes, à impotência que invade quem ouse imaginar horizontes para uma solução política do conflito israelo-palestiniano. Foi essa impotência que teve nova e trágica ilustração neste verão. Independentemente dos motivos que levaram ao fim da trégua unilateral pelo *Hamas*, o primeiro-ministro palestiniano não deixa de ter razão quando sustenta que "o soldado raptado foi apenas um pretexto para uma acção prevista há meses"[118]. Convenhamos, não é normal declarar guerra aos palestinianos, ou seja a quem for, porque se captura um soldado... Responde-se, aumenta-se a parada, mas não se entra numa operação prolongada, cara e inútil do ponto de vista da sua libertação. Ehud Olmert e Amir Peretz escolheram a segunda opção.

O *Tsahal* reentrou em Gaza e fechou as fronteiras. Isso estaria dentro das "normas" habituais do Tsahal; mas destruir as infraestruturas de água e electricidade quando, para obter o mesmo efeito, lhes bastava ter fechado as manivelas de abastecimento que se localizam em Israel, isso era novo. Liquidar 20 a 30 militantes e dirigentes palestinianos por mês, não se afastaria da "tradição" israelita; sequestrar, em 48 horas, 64 dirigentes do *Hamas*, entre os quais 7 membros do governo e 27 deputados, e tentar assassinar o primeiro-

---

[118] Artigo de *Ismail Haniyyeh*, publicado no *Washington Post* de 11 de Julho.

-ministro, representou, indiscutivelmente, uma escalada sem precedentes. Para lá da violência das primeiras 48 horas, o primeiro-ministro israelita deu, ainda, instruções ao exército para "uma ofensiva prolongada e extensiva". Em meados de Outubro, duas centenas e meia de mortos e seiscentas detenções selavam a estatística da operação.

À luz do objectivo inicialmente enunciado – libertar o soldado raptado – tudo isto só podia ser contraproducente. Israel quis "lembrar ao mundo, mais uma vez, que foi o próprio povo palestiniano que elegeu um governo dirigido pelo *Hamas*, uma organização terrorista" [119]. A exibição de força, que tantos classificaram de "desproporcionada", na óptica de Telavive, não o é. A sua virilidade "dirige-se às causas e não ao sintoma". Visa mesmo castigar um povo.

O problema é que, ao mesmo tempo, o sionismo está farto de saber que não acaba com o terror deste modo. Sabe que novos candidatos ao martírio tomarão o lugar dos caídos. Neste verão, Israel apenas adicionou 250 novas razões à sua insegurança. Compreende-se a obsessão securitária, não a resposta que encontram para ela.

Telavive tem, de longe, o mais poderoso exército da região. Possui, além disso, a bomba nuclear. Nunca perdeu qualquer guerra. Pode dizer-se que a excepção ocorreu, agora, no Sul do Líbano. Mas até esta derrota foi mais simbólica e política do que militar. Ela afectou a imagem de invencibilidade do exército judaico, não a sua capacidade de defesa em caso de ataque por um exército inimigo. O seu "seguro de vida" continua intacto. Nunca a hiper-potência norte-americana e a má consciência europeia deixariam de proteger o Estado hebraico, caso fosse seriamente atacado.

Telavive concluiu ainda acordos que permitiram neutralizar o Egipto, que possui o mais importante exército árabe da região. Pode, se o desejar, encontrar com a Síria e o Líbano um quadro político

---

[119] *Nota da Embaixada de Israel* em Portugal, de 13 de Julho

estável. Basta devolver ao primeiro os montes Golã e ao segundo as quintas de Cheeba.

Israel também não se pode queixar do Mundo. Desde os anos 90, ele evolui a gosto. A queda da União Soviética deixou sem protector os Estados árabes nacionalistas. Quer a Rússia, quer a Turquia, têm hoje acordos de cooperação militar com Telavive. A única nuvem que perturba esta invejável posição no xadrez do Médio Oriente é o Irão. Mas, convenhamos, as fanfarronadas revisionistas do seu presidente sobre o holocausto, ou o seu desejo de "afundar" o Estado hebraico, mesmo quando levadas à letra, são isso mesmo, palavras [120]. Nos anos 80, Israel bombardeou instalações militares no Irão, sem por isso deixar de vender armas a Ruhollah Khomeini... Se há país que conhece bem a regra não escrita do jogo regional, esse é Israel. Só ele pode sempre mais do que o faz ou do que diz. Todos os outros debitam impropérios na proporção inversa do que fazem. Os países da região têm os seus exércitos, em regra medíocres. O *Tsahal*, pelo contrário, pode orgulhar-se de ter um país. A pergunta, lógica, é só uma: porque não aproveita Israel a enorme vantagem de que dispõe para resolver por via política os problemas de segurança na Terra Prometida? Eis a resposta que encontro: muitos israelitas não querem; e os outros pensam que não podem.

Os que não querem são mesmo muitos, embora não sejam a maioria. A sua visão de Israel é a da realização de uma promessa divina. Sentem-se herdeiros de uma legitimidade milenar que não admite discussão terrena de fronteiras. O seu sionismo funda-se na Tora, tal como os fundamentalistas islâmicos se reclamam do Corão. Para aqueles, Israel é vontade e destino, quer nas fronteiras que a comunidade internacional lhe atribuiu, quer nas que conquistou.

---

[120] Se as declarações do presidente iraniano sobre o Holocausto são inteiramente "revisionistas" e apenas foram "matizadas" como assunto para debate entre especialistas, por ocasião da deslocação de Kofi Annan a Teerão, já a tradução das suas declarações sobre Israel foram deturpadas, como provou Jonathan Steele, jornalista do *The Guardian*, que se viu envolvido no assunto. Para mais informação, consultar *www.guardian.co.uk*

A Terra Santa pertence-lhes, toda. Toda teve e tem que ser reconquistada. É muito difícil trocar terra por paz, quando o discurso é de natureza teológica. E se esta não é a opinião da maioria dos israelitas, a história acabou por misturar a vertente religiosa com a construção do próprio Estado. Não é por acaso que Israel se define a si próprio como judaico.

Admitamos que o nó religioso seja, apesar das dificuldades, superável. Ainda assim sobram infinitos obstáculos políticos, bem mas complexos do que o irredutismo religioso. Como pode Israel abdicar da terra que conquistou pelas armas, desfazer três centenas de colonatos onde vivem quase meio milhão de judeus, e abater as centenas de quilómetros de muro que ergueu para lá das fronteiras internacionalmente reconhecidas? Como pode aceitar o direito de retorno de quatro milhões de refugiados, mesmo que uma solução regional permitisse, a muitos radicarem-se nos países em que já nasceram? E como pode aceitar para Jerusalém uma solução partilhada e internacional, quando, depois de a conquistar, a decidiu ainda anexar, há 20 anos? Mesmo que se arquivassem os antecedentes históricos e o dimensão religiosa fosse afastada do conflito, esta agenda continuaria a ser um autêntico quebra-cabeças para Israel.

Os líderes do Estado hebraico, qualquer que seja o partido de onde provenham, sentem-se herdeiros, senão de um "direito histórico e eterno" à "Terra Prometida", pelo menos das *Aliya's* que fizeram de Israel uma realidade. O primeiro movimento judeu de regresso à Palestina decorre entre 1880 e 1903. É uma imigração de 20 mil a 30 mil russos que se implantam em 19 colónias. A segunda *aliya* é um pouco maior e dura até ao começo da Iª Grande Guerra. Continua a ser de origem eslava, mas a orientação socialista é mais assumida. Funda Telavive e, em 1911, e o primeiro dos *kibutz*, unidades colectivas de exploração da terra que, para lá da função produtiva, se construíram como centros de vida social capazes de satisfazer todas as necessidades da sua população. No final da guerra, o número de judeus na Palestina ronda os 60 mil. São menos do que os cristãos – 80 mil – e muito menos do que os muçulmanos. Tudo se podia ter resolvido aqui, mas este é precisamente o momento em que os britânicos prometem uma "casa nacional" para os judeus – na Palestina. Durante a década seguinte, duas novas *aliya's* diversificam as origens da imigração. Judeus do Báltico, dos balcãs e dos países do Médio Oriente, chegam ao Levante. Em 1931, ainda não ultrapassam 18 por cento da população da Terra Prometida. Mesmo com a poderosa imigração das duas *aliya's* que se seguem, ambas de origem alemã, em 1948, o não excedeu um terço da população total da Palestina[121]. Estava, contudo, criado um enorme problema de terra que só a boa vontade do Altíssimo poderia resolver. Mas este, presciente, anteviu o imbróglio e ausentou-se...

Em Telavive uma pessoa percebe que Israel existe. Ali existe. É uma cidade moderna, organizada, funcional, ao mesmo tempo "aberta" e "alemã". É um "mundo novo" instalado em terra antiga. Quando se abandona a grande cidade, ainda se sentem os seus efeitos. Cada metro quadrado daquela desoladora terra que um Deus, em noite de insónias, prometeu aos seus adoradores, foi cultivada e arborizada. Nenhum apoio que Israel tenha recebido – e recebeu muitos – diminui essa notável criação da vontade. Há algo de simultaneamente trágico e heróico na invenção de Israel. Os pioneiros eram sionistas e, entre si, socialistas. Eram antigos e moderníssimos, portanto. Naquela língua de terra, concretizaram o pior e o melhor da tradição ocidental.

Recorro a Amos Oz e ao modo como se fez escritor[122]. É uma bela história. Ele trabalhava nos campos de algodão de um *kibutz* e só depois de duas ou três novelas publicadas na imprensa local teve

---

[121] Um resumo do movimento das *alyia's*, ou "ascensão", pode encontrar-se em *Les 100 clés du Proche Orient*, páginas 62 a 65. As informações remetem para essa fonte.

[122] Amos Oz (1939) é um dos mais prestigiados escritores de Israel, crítico das políticas de colonização e partidário de uma solução negociada com os palestinianos na base do princípio da troca de Terra por Paz.

coragem para abordar o comité do colectivo, pedindo um dia por semana para escrever. A discussão foi brava: "escutem, este jovem é dotado, escreve, publica, merece um dia livre", diziam uns. "Não é assim tão simples," objectavam outros: "nós somos uma comunidade socialista onde qualquer um se pode declarar artista. Não compete ao comité declarar quem o é ou não é. No fim, todos diremos sê-lo, e não haverá ninguém para trabalhar a terra". Finalmente, houve um voto e deram-me um dia na condição de que trabalhasse a dobrar nos outros" [123]. Este episódio revela um sentido de responsabilidade social extraordinário. Que gente espantosa! Tanto mais que não passavam, afinal, "de um bando de refugiados e sobreviventes meio histéricos e atormentados por pesadelos aterradores não apenas por causa da Europa mas, também pelo modo como tinham sido tratados nos países árabes e muçulmanos" [124]. A história da construção de Israel e dos israelitas não é só esta, mas é também esta.

O problema é que o viajante já não descobre Telavive e o *kibutz* em Jerusalém. Nem sequer a Jerusalém da infância de Amos Oz, uma típica cidade do mundo levantino e otomano, com a sua colónia americana e bairros de judeus, arménios, gregos e árabes. O que uma pessoa vê, mesmo em pleno centro histórico, são casas e ruas roubadas aos árabes por pioneiros religiosos que colocam bandeiras com a estrela de David nos terraços do território conquistado. É horrível, "medieval" e impiedoso. Este mesmo padrão é o que se observa nos territórios onde a colonização judaica penetrou o povoamento árabe. No interior de Israel, o contraste entre a vila árabe e a judaica salta à vista. A primeira é caótica e anárquica. Para se anunciar, nem precisa de minaretes. Já o aspecto da segunda, linear e de fronteiras claras, lembra a ordem dos acampamentos militares. No contraste se revelam, mais do que diferenças de cultura, um programa de segregação. Nos

---

[123] Este relato encontra-se no ensaio de Amos Oz, *Se glisser dans la peau de l'autre*, integrado no livro do mesmo autor, *Comment guérir un fanatique*, colecção Arcades, editions Gallimard, 2003, página 28.

[124] *idem*, página 61, no ensaio *Un conflit entre deux causes justes*.

anos 90, a média anual das verbas atribuídas pelo Estado aos colonatos era de 1 180 dólares *per capita*; para as cidades judaicas de desenvolvimento, de 908 dólares; e para as de maioria árabe, 522 dólares [125].

Quando se passa para os territórios ocupados, estes mundos nem se tocam. Observam-se, cada um em sua colina, com desprezo e ódio. O colonato não ilumina, obscurece. Está ali, na terra do outro, em formato de gueto altivo e solitário, protegido por militares que não passam de miúdos armados. Ele afirma ao mundo a única promessa que lhe resta: a ocupação.

Num interessante livrinho de lições, Edgar Morin [126] explica que "a civilização produz barbárie, em particular de conquista e dominação". Israel é a mais contemporânea e extremada ilustração das razões do velho professor. Em busca de Promessa ou Civilização, as *Aliya's* prosseguiram depois da fundação de Israel. Em 58 anos, chegaram mais 3 milhões de imigrantes: da África, do mundo árabe, da ex-União Soviética e, mais recentemente, da Ásia oriental. A expansão demográfica explica, muito para lá das motivações religiosas, a "fome de terra" do novo Estado. Quando, na sequência da guerra dos seis dias *(ver nota 53)*, o governo trabalhista lança a instalação do primeiro colonato nos Golã e o segundo em Hebron, no Norte da Cisjordânia, estava a dar um passo fatal. A pressão demográfica e a lógica de guerra permanente, encarregar-se-iam de alimentar este movimento até hoje.

A imigração do Norte de África e dos países do Médio Oriente, obedeceu ainda a um padrão onde o aliciamento para o reencontro judaico na Terra Prometida se misturou com a condição de perseguido,

---

[125] *Les 100 clés du Proche Orient*, página 152. Ainda agora, depois da guerra de 2006, os Árabes de Haifa se queixam desta mesma discriminação na atribuição dos fundos de reconstrução.

[126] Edgar Morin (1921), judeu laico de origem sefardita e investigador emérito do CNRS (Centro Nacional de Investigação Científica) francês, com mais de trinta obras publicadas, é considerado como uma das grandes figuras intelectuais do século XX.

fruto do ambiente criado em todo o mundo árabe pela criação de Israel. Esta vaga vai fornecer a Israel um novo proletariado. Embora em posição subordinada, os novos israelitas ainda beneficiam da afirmação do novo Estado. Quem, mais uma vez, perdeu, foram os "árabes de Israel". Os palestinianos de Israel tinham o defeito de serem árabes e, além disso, nem sequer serem judeus. Esta precária estratificação étnica, social e confessional rompe-se na viragem para os anos 90. Uma nova *aliya*, esta de origem asiática, segue-se ao fim da URSS. Como se pode imaginar, ela nada tem a ver com o socialismo dos pioneiros. Pelo contrário, esta vaga é um produto da degenerescência e decomposição do "socialismo real". Potencialmente, odeiam tudo o que se referencie a tal palavra. O universo mental dos novos imigrantes é o do capitalismo selvagem, da economia informal e das redes mafiosas. Estes não chegaram a Israel como os sefarditas do Norte de África. Nem sequer como os herdeiros da "tribo perdida" de Israel, que o sionismo achou por bem ir descobrir à Etiópia. De um modo ou de outro, os africanos pensavam estar a regressar, finalmente, à terra dos seus antepassados. A última grande vaga chegou, simplesmente, para vencer e colonizar. Em seis décadas, um processo de constante mutação genética vem transformando Israel.

Árabes e judeus dos cinco cantos do mundo teriam podido articular-se numa Palestina multiconfessional, à moda das independências resultantes dos protectorados da região. Mas as Nações Unidas não estavam para aí viradas e, verdade seja dita, a imigração maciça de judeus foi vista pela população autóctone como o que efectivamente era – uma lenta e inexorável invasão com um programa de roubo organizado de terras. A hegemonia socialista das primeiras vagas nunca quis responder a este problema. O socialismo era para os colonos, não para os "árabes atrasados", incapazes de compreenderem a bondade dos pioneiros. Alain Gresh e Dominique Vidal sintetizam bem o pecado original de Israel: "o fundador do movimento sionista e seus sucessores ignoraram soberbamente os direitos nacionais palestinianos, tal como, até aos anos 70, o movimento palestiniano negou a identidade israelita"[127].

O que distingue esta implantação de outras histórias coloniais, não é a viagem, a travessia, o comportamento dos imigrantes quando se implantam em terra já povoada. Os melhores *westerns* mostram como essa é uma história que se repete. Mesmo a condição de perseguido, que alimenta sucessivas vagas de êxodo, sendo dramática e terrível, não foi única. Para não irmos mais longe, os arménios conheceram-na. Ghassan Thuéni acerta quando sustenta que a implantação sionista "é mais complexa do que qualquer colonialismo clássico porque invoca pretensas raízes históricas"[128]. Mesmo que os líderes de Israel eliminassem o tema religioso, eles sabem que o drama desta nação erguida por sobreviventes e colonizada por imigrantes, é sentir-se portadora de uma missão divina e de um direito eterno. Que tal tenha ocorrido no exacto momento em que o colonialismo entrava no seu estertor, apenas agravou a situação.

Este DNA fundacional não é passado, mas presente. Ainda em Maio deste ano, o primeiro-ministro Ehud Olmert abriu o seu coração aos congressistas norte-americanos com a tirada "sempre pensei, e ainda hoje disso estou convencido, que o nosso povo tem o direito eterno e histórico a possuir a totalidade deste país"[129]. Ehud Olmert não se referia às fronteiras internacionalmente reconhecidas, anteriores à guerra dos seis dias. Referia-se à "Judeia e Samaria", os nomes bíblicos que ainda hoje as autoridades sionistas dão à Cisjordânia...

Houve um tempo em que a colonização dos territórios ocupados pela guerra de 1967, ainda podia ter tido uma solução política

---

[127] *Les 100 clés du Proche Orient*, página 315

[128] *Un siècle pour rien*, página 315

[129] Frase citada por Alexander Cockburn, jornalista norte-americano editor, com Jeffrey St. Clair, da revista electrónica *Counterpunch*, em artigo de 15 de Junho de 2006. Versão francesa acessível em Voltaire.news do mesmo dia, sob o título *La Palestine: c'est cuit!*

razoável [130]. Mas como resolver a situação actual? Com 248 mil colonos distribuídos por 223 colónias que polvilham a Cisjordânia, 200 mil que entretanto se implantaram em Jerusalém Leste e ainda 18 mil espalhados pelos montes Golã? [131] Como pode existir um Estado Palestiniano viável nas fronteiras reconhecidas pelas Nações Unidas, tendo no seu ventre um abcesso desta dimensão? E, como pode ele ser lancetado sem consequências de todo em todo imprevisíveis?

Para agravar a situação, o Estado de Israel aliou à expansão territorial a construção do muro. A esquerda sionista, de Amos Oz a Yossi Beilin, [132] tem razão quando defende que a retirada unilateral de Gaza prova que outras são possíveis na Cisjordânia. Ele sabe que boa parte da população de Israel está tão farta do integrismo colonial, quanto dos radicais árabes. Todos os estudos de opinião publicados durante a retirada confirmaram isso mesmo. As imagens televisivas e as reportagens pungentes da alienação desses pequenos pedaços de "Terra Santa" não comoveram, por aí além, os habitantes de Telavive e Jaffa, ou de Haifa e Hadera. Muito menos os das cidades árabes, como Nazaré. Mas uma coisa é retirar oito mil colonos de uma gigantesca prisão que alberga um milhão e 400 mil palestinianos, outra bem diversa, é realizar a evacuação de um movimento de ocupação que as circunstâncias transformaram num fenómeno social complexo e não redutível a uns quantos milhares de fanáticos. Isto, só com extraordinária coragem política, grande persuasão, nervos de aço e uso de força militar, se pode conseguir.

---

[130] Em 1977, Jerusalém tinha 50 mil novos colonos e a Cisjordânia 5 mil, distribuídos por 45 colonatos, na sua maioria espalhados ao longo do vale do Jordão.

[131] Os dados relativos ao movimento de colonização foram retirados de *Les 100 clés du Proche Orient*, páginas 149 a 154

[132] Yossi Beilin é o mais conhecido dirigente do *Meretz*, partido da esquerda sionista. Foi, do lado israelita, o principal negociador dos Acordos de Genebra, subscrito por personalidades civis de relevo dos dois lados do conflito. Polémico para os *establishments* dos dois lados, teve o mérito de demonstrar, em plena ascensão da política de unilateralismo, que havia interlocutores na Palestina.

Há solução? Sinceramente, só sei que não se pode desistir da política e que o óptimo é inimigo do bom. Esquerdas árabes e judeus anti-sionistas sonharam com uma Palestina unificada, onde todos pudessem conviver num Estado democrático e laico, respeitador das diferentes escolhas religiosas da sua população. Uma variante desta ideia, um Estado binacional com capital em Jerusalém, foi argumentada, e bem, por Edward Said[133]. Eis uma proposta tão generosa quanto, pelo menos de momento, impraticável. Não há "engenharia institucional" que supere o pavor da assimetria demográfica. Mesmo recorrendo a novas vagas de imigrantes, os israelitas sabem que os palestinianos fazem mais bébés, e que essa corrida silenciosa acabaria, em poucas décadas, por alterar os pesos da balança. Naquele lugar do mundo, tudo se vê `luz de um "nós" e de um "eles". De um lado e de outro. É tramado, mas é assim, e não está para mudar. Uma solução democrática e binacional garantiria aos judeus a "casa nacional" de que falava a declaração britânica de 1917. As Nações Unidas bem podiam ter pensado nela no pós-guerra. Mas agora é tarde, ou ainda muito, muito cedo. Nas actuais circunstâncias, uma Palestina binacional é um artifício que faz a Bélgica parecer um Estado unitário...

Se a projecção demográfica limita o horizonte das possibilidades futuras, o medo e o ódio bloqueiam, até, os pequenos passos. Claro

---

[133] Edward Said (1935/2003). Intelectual, crítico literário e activista da causa palestiniana, nasceu em Jerusalém no seio de uma família cristã de classe alta. Por insistência paterna, foi estudar para os EUA onde leccionou, em várias universidades, até à sua morte. A sua obra mais conhecida, *Orientalismo*, é uma referência no pensamento sobre a visão ocidental do mundo árabe. Politicamente, Eduard Said integrou Conselho Nacional Palestiniano, estrutura máxima da OLP. Inicialmente partidário da criação de dois estados, Said aderiu à tese de um Estado binacional. Demitiu-se do CNP em 1991, como protesto pelo apoio de Yasser Arafat a Saddam Hussein durante a guerra do Golfo. Criticou os acordos de Oslo. Said fundou, com o seu amigo israelita, Daniel Barenboim, a West-Eastern Divan Orchestra, que une jovens músicos de Israel e dos países árabes. Em 2002, com Haidar Abdel-Shafi e Mustafa Barghouti, participa na criação da Iniciativa Nacional Palestiniana (ou Al-Mubadara), tentativa de criar uma terceira força alternativa à *Fatah* e ao *Hamas*.

que existem, dos dois lados, militantes extraordinários que procuram, por processos não violentos, uma solução durável para o conflito. Há soldados desobedientes que se recusam a cumprir ordens em território ocupado. Não são pacifistas nem objectores. São militares que se batem em nome da moral e da ética do próprio exército. A principal organização destes *refuseniks* tem por símbolo a estrela de David. Há também palestinianos que recusam o uso das armas e advogam a desobediência civil contra o ocupante. Edward Said encontrava-se entre estes. Há ainda grupos mistos de palestinianos e israelitas que unem feridas que se diriam insanáveis. Um deles, junta mães dos dois lados com filhos mortos em combate; outro, liga soldados e *fedayins* que depuseram as respectivas armas. A pungente dimensão humana desta coragem frutificará um dia. Mas, de momento, ela não traduz senão os sentimentos de uma ínfima minoria de cada um dos lados. Não reflecte, sequer, a maioria da coragem. Exprime a que, entre todas, é mais difícil.

No seu último romance, Richard Zimler transcreve uma carta, bela e trágica, que uma israelita de Haifa, Helena, dirigiu a um jornal do seu país. Ela escreve: "os palestinianos odeiam-nos, mesmo nas melhores circunstâncias. E a verdade que poucos de nós admitirão é que eles têm razão para isso, pois nós demos-lhes amplas provas de que os odiamos ainda mais". A carta, de intenso e insuportável excesso de verdade, acaba assim: "sim, façam com que a separação dos dois povos seja absoluta – para nos protegermos daqueles que possam apedrejar os nossos filhos até à morte e, para os proteger, a eles, dos que acreditam que é prova de coragem roubar uma pátria aos outros"[134]. Helena quer viver em paz e, ao contrário de tantos dos seus, não a deseja apenas para o seu grupo. A sua coragem mistura--se com a razão das coisas práticas. Ela não acredita ser possível o encontro sem uma prévia separação.

Tudo foi levado longe demais. O passado matou as melhores soluções e o presente inviabiliza até as menos boas. O tempo fintou

---

[134] *À procura de Sana*, edições Gótica, páginas 95 e 96.

os protagonistas. Os árabes escolheram a saída militar quando o Estado judaico ainda podia ter aceite, *malgré lui*, uma partilha da terra. À época, só os comunistas palestinianos aceitavem, a existência de Israel, e a essa posição não era indiferente a atitude da URSS. Mais tarde, quando os palestinianos aceitaram negociar, já os israelitas só acreditavam na força das armas.

Em 2003, um grupo misto de palestinianos e israelitas negociou durante meses e meses o que poderia ser uma abordagem global aos problemas colocados pelo conflito, das fronteiras aos refugiados de 1948, passando pelo estatuto de Jerusalém. Desse trabalho resultou o chamado "acordo de Genebra"[135]. Esse documento teve, pelo menos, duas virtudes: provou que uma solução, mesmo que dolorosa para as partes, é possível; e, também que nenhuma das sociedades está ainda preparada para ela.

Meses antes, em Beirute, uma cimeira árabe aprovara um plano de paz saudita onde, contra a retirada dos territórios e uma solução para os refugiados com base nas resoluções da ONU, os Estados árabes enterrariam o machado de guerra e estabeleceriam relações diplomáticas com Israel. É outra base possível para uma solução.

Do terrível ano de 2006, onde aos bloqueios se somou uma ofensiva militar continuada e sem fim à vista, uma conclusão se deve retirar, ninguém mais acredita só em pequenos passos. O *road map* foi esmagado pelas lagartas dos tanques israelitas na faixa de gaze.

É tempo de regressar ao ponto de partida. A embaixada israelita em Portugal tem razão quando classifica o rapto de Gilad Shevit como um mero "sintoma". E Ehud Olmert é pelo menos franco nas

---

[135] Os Acordos de Genebra foram fruto de um longo trabalho onde pontificaram, do lado israelita, Yossi Beilin, um dos arquitectos dos acordos de Oslo, e Yasser Abed Rabbo, ex-ministro da Autoridade Palestiniana. O plano, que não vinculava os governos, desenhava as fronteiras de Israel perto das que existiam antes da guerra de 1967. Os palestinianos limitariam, do seu lado, o "direito de retorno", e Israel desmantelaria a maioria dos colonatos nos territórios ocupados. O acordo obrigaria os palestinianos a cessar todos os tipos de violência contra Israel.

intenções quando avisa: "vamos ser claros: alcançaremos a todos, não importa onde", numa alusão à responsabilidade política de Mahmoud Abbas e Ismayil Haniyeh no sequestro [136]. A sua "operação prolongada e extensiva" é filha, não de um rapto, mas de um impasse – o do unilateralismo. Ehud Olmert, como antes o seu mentor, Ariel Sharon, não têm um Estado viável para negociar com os palestinianos. Porque o não têm, precisam de provar que, "do outro lado", não há interlocutor. O unilateralismo é simples: não se negoceia o que não se tem para dar. Mostrando ao mundo que não se tem com quem falar...

Enquanto a comunidade internacional der cobertura a esta política, ela não mudará a não ser para pior. É por isso que a posição europeia, expressa pelo Conselho Europeu de 6 de Julho de 2006, é um hino à hipocrisia. Ela exige a imediata libertação do soldado israelita, enquanto apenas "exprime consternação" pelo sequestro de dezenas de deputados e governantes palestinianos, esperando que "a esses detidos sejam garantidos os seus direitos". Intima a liderança palestiniana a "por fim à violência", enquanto "compreende" o "legitimo direito de Israel à autodefesa". Depois de 10 dias de ofensiva, apenas apela a que as operações militares "estejam de acordo com a lei internacional", deplorando a destruição das infraestruturas. É preciso descaramento...

---

[136] Declaração de Ehud Olmert a de 27 de Junho, citada pela BBC online do mesmo dia.

HEZBOLLAH

Estava Gaza num sufoco, há quinze dias sob ataque contínuo, quando a Norte, na fronteira entre Israel e o Líbano, um comando do *Hezbollah* captura dois outros soldados de Israel. A operação constituiu uma violação grave e excepcional da linha azul, mas tinha precedente. Três anos antes, a resistência islâmica raptara três soldados em operação similar. A represália de então não foi a guerra. Em circunstâncias normais, Telavive bombardearia posições da Resistência, faria acções por detrás das linhas, mataria uns quantos "terroristas", mas não se decidiria pela guerra total. Afinal, esta não era a primeira tentativa de uma promessa publicamente anunciada pela Resistência desde que, em 2004, se não tinham saldado as contas em matéria de troca de prisioneiros. Alguma vez seria bem sucedida e foi desta.

Ninguém com bom senso acredita que a sexta invasão israelita do Líbano tenha começado por causa do rapto de dois soldados na fronteira. Como duas semanas antes em Gaza, a acção de comandos foi um simples pretexto. Os raptos são uma "prática militar suficientemente corrente para que os próprios israelitas dela se não interditem, como justamente assinalou John Le Carré em artigo publicado no *Le Monde* a 7 de Agosto.

A diferença fá-la-á o *Tsahal*. Desta feita, a reacção não é de intensificação continuada de represálias, como na Palestina mas, de antecipação de uma decisão de guerra aberta e total, com cobertura e apoio norte-americano. Foi isto mesmo que um dos mais reputados jornalistas de investigação norte-americanos, Seymour Hersh, veio explicar na revista *The New Yorker*. A sua investigação sustenta que Israel tinha um plano de guerra para atacar o *Hezbollah*, e que o apresentou à administração norte-americana nos primeiros meses de 2006. Começaram pelo vice-presidente, Dick Cheney, porque "queriam ter a certeza do seu apoio, bem como do Conselho de Segurança Nacional", já que "persuadir o presidente nunca foi problema" e era certo que "a secretária de Estado, Condoleezza Rice também embarcava". Segundo Seymour Hersh, "a administração Bush esteve intimamente envolvida no planeamento dos ataques retaliatórios de Israel". "Os israelitas disseram-nos que era uma guerra barata e com muitos benefícios. Porquê opormo-nos? Seríamos capazes de bombardear plataformas de mísseis, túneis e *bunkers*. Era uma demonstração para o Irão"[137], explicou ao jornalista um consultor do governo que não quis revelar a sua identidade.

Não há razões para desqualificar a investigação da *The New Yorker* que, aliás, manteve a história depois dos canónicos desmentidos oficiais. Se há evidência nesta guerra é a de que ambos os lados estavam preparados para ela. A única dúvida era o dia e a hora...

Várias explicações se têm avançado para a decisão do *Hezbollah*. Nos primeiros dias do conflito, Georges Corm, observador atento do seu país, admitia que a acção de comandos pudesse ter sido "um erro de cálculo"[138]. Hassan Nasrallah parece dar-lhe razão quando, após o fim das hostilidades, declarou a uma televisão libanesa, a *New TV,* que "se soubesse que a operação iria trazer uma guerra de tais dimensões, não a teria levado a cabo"[139]. Este é o tipo de confissão que um dirigente político está proibido de fazer. Só se compreende à luz de alguém que deseja compensar o sofrimento do país, erguendo pontes na direcção das restantes comunidades libanesas.

---

[137] A investigação de Seymour Hersh foi publicada a 14 de Agosto sob o título *Watching Lebanon: Washington's interests in Israel's war.* O *Público* do dia seguinte deu-lhe, em Portugal, o devido destaque.

[138] Entrevista com Georges Corm realizada pelo jornal *Público* nos primeiros dias de guerra.

[139] Citado pela jornalista Maria João Guimarães no *Público* de 28 de Agosto de 2006.

Mais recentemente, o líder da resistência islâmica explicou as condicionantes da sua escolha: "esperávamos que a reacção israelita fosse comparável à de Gaza ou, mais rigorosamente, um pouco mais intensa"[140]. A razão para tal cálculo alicerçava-se na convicção de que a guerra "era absolutamente certa", mas que a ultimação de planos e logística a atirava para o Outono, por ocasião das eleições intercalares norte-americanas. Ainda hoje o líder xiita não compreende a antecipação, que considera uma completa asneira do ponto de vista militar. Resta saber se, consciente da inevitabilidade da guerra, Nasrallah não terá querido atrair o *Tsahal* para uma armadilha, anulando-lhe o efeito surpresa, e obrigando-o a improvisar. Ele diz que não, mas esta é a opinião de vários analistas israelitas.

Claro que a tese oficial de Telavive é completamente distinta, para não dizer oposta: "acabámos de testemunhar uma tentativa do regime dissimulado do Irão em usar o seu joguete, o *Hezbollah*, para envolver o seu amaldiçoado inimigo, Israel, num conflito sangrento no Líbano com o intuito de desestabilizar o Médio Oriente"[141]. Descontada a linguagem arcaica, que delicia, sem excepção, todos os fanáticos daquelas paragens, a teoria da mão de Teerão fez caminho entre a generalidade dos analistas. A sua validade repousa inteiramente sobre duas premissas que se obrigam a agir em simultâneo: primo, que o *Hezbollah* é um "joguete de Teerão"; segundo, que os *ayatolla's* desejavam, naquele preciso momento, a regionalização de um incidente de fronteira. Como adiante se verá, nenhuma das proposições tem fundamento. Mas a eficácia do argumento tem, por si, a lógica do senso comum. É difícil acreditar que Hassan Nasrallah não tenha ponderado seriamente o cenário de uma represália violenta de Israel com "efeitos colaterais" na região. E, em consequência, que não tenha informado Teerão das suas intenções.

---

[140] Entrevista conduzida por Talal Salman, publicada no jornal árabe *As Safir*, a 5 de Setembro de 2006, e traduzida para francês por Réseau Voltaire, a 29 de Setembro.

[141] Artigo do embaixador de Israel em Portugal, Aarom Ram, no *Público* de 25 de Agosto de 2006.

132 | NO LABIRINTO

Neste domínio, como noutros, não há certezas. Devemos seguir a intuição, aliada à análise dos factos. Por um lado, o hipotético envolvimento iraniano não dispensaria a sua presença np teatro de operações, mesmo que discreta. Fonte anónima da CIA, contrariando regras de silêncio, foi a este respeito taxativa: "não existem quaisquer provas de um comando iraniano no terreno. É um erro considerar que o *Hezbollah* é uma entidade gerida à distância" [142]. Se o anonimato enfraquece a opinião, já o seguinte fragmento de entrevista tem outro peso:

> *Facts*: Não haverá coincidência entre o momento escolhido para a acção do *Hezbollah* e a pressão que o ocidente está a fazer sobre o dossier nuclear de Teerão?
>
> Brzezinsky: Essa tese parece-me arrevesada. O *Hezbollah* não executa ordens do Irão sem mais nem menos, como um soldado em face de um general. O *Hezbollah* reagiu à escalada de violência em Gaza porque viu nela uma ocasião favorável.
>
> *Facts*: Pensa então que o regime iraniano não podia prever a reacção dos israelitas ao ataque do *Hezbollah*?
>
> Brzezinsky: Duvido que o *Hezbollah* tenha consultado o Irão neste assunto. Pode-se perfeitamente partir da ideia que existem contactos, mas não no plano táctico e operacional [143].

Zbigniew Brzezinsky dispensa apresentações. Conservador e muito experiente, conhece em profundidade as subtilezas do jogo geoestratégico no Médio Oriente. Na administração Carter, entre 1977 e 1981, esteve sempre próximo das posições mais duras. Se a

---

[142] *Público* de 25 de Agosto, citando o *The New York Times* do dia anterior.

[143] *Horizons et Débats Express*, número 1, de Agosto de 2006. Inteiramente dedicado ao conflito, este número da revista suíça tem um muito apreciável volume de informação sobre a guerra na frente diplomática. Pode consultar-se a sua versão electrónica em http://www.horizons-et-debats.ch

sua opinião, em plena guerra, desacredita a tese oficial, é porque dela se sente seguro. Reflecte a visão de alguém que, durante muitos anos, se sentou na cadeira da decisão e que actualmente não é condicionado pelas necessidades da propaganda. Chego à mesma conclusão, mas a partir de um posto de observação bem distinto. Na análise das motivações do *Hezbollah,* muitos analistas se têm esquecido da mais óbvia: a ofensiva que estava a decorrer do "outro lado", na Faixa de Gaza, obrigava a resistência islâmica a agir por razoes de identidade.

Para qualquer árabe, o que estava em curso em Gaza não era uma operação para libertar o azarado soldado Gilad Shevit, nem sequer uma "acção prolongada e extensiva". Em Gaza lavrava uma guerra que punia os palestinianos pelo seu voto. Porque este era o sentimento, a chamada "rua árabe" aplaudiu o gesto do *Hezbollah.* Alguém tinha a coragem de aliviar a pressão sobre a Palestina, colocando noutro patamar a negociação para a troca de prisioneiros.

Residual e simbólica no que toca ao Líbano, a questão dos prisioneiros é central para os palestinianos. Nos territórios ocupados por Israel vivem pouco mais de 3 milhões de palestinianos. Desde 1967, passaram 650 mil pelas prisões sionistas. Como a esmagadora maioria é do sexo masculino, pode dizer-se 4 em cada 10 palestinianos passaram pela prisão. Não há muitos paralelos históricos para tais níveis de repressão de massa. Não há família palestiniana sem mártires ou prisioneiros.

No fim do primeiro trimestre de 2006 encontravam-se, em 30 prisões e centros de detenção israelitas, 9.400 palestinianos. Destes, 330 tinham menos de 18 anos; 810 encontravam-se em detenção administrativa, ou seja, sem formulação de acusação; quase 4 mil sem julgamento nos prazos legais; e 421 estavam presos há mais de uma década... Esta enorme ferida só uma vez foi resolvida através do diálogo político – quando a OLP subscreveu os acordos de Oslo nos anos 90. No mais, Israel só libertou prisioneiros por expiração de pena... ou através de trocas[144].

Que têm os prisioneiros palestinianos a ver com o Líbano, perguntar-se-á. Na cabeça dos libaneses e, em particular, da comunidade xiita, têm muito. Grande parte dos 400 mil refugiados palestinianos do Líbano vive no Sul. Foi aqui que as resistências palestiniana e libanesa mais vezes se encontraram. E se nem sempre se deram bem, nem por isso deixam de ter o mesmo adversário. Finalmente, se hoje só sobram três detidos libaneses confirmados em Israel, é porque o método provado para garantir o seu regresso a casa são as trocas. Telavive nunca deixa os seus soldados para trás, vivos ou mortos. No caso, é qualidade e não defeito.

Na paisagem humana do Sul do Líbano e no modo como o *Hezbollah* se foi construindo como movimento político, se podem descobrir as reais motivações para a decisão de Nasrallah. Não é preciso viajar até Damasco ou Teerão. Facto pouco conhecido do grande público, grande parte dos quadros dirigentes da resistência islâmica são antigos e novos combatentes da causa palestiniana. Este "pormenor" explica porque é que a violência do ataque em Gaza pressionou tanto a direcção xiita. As ligações entre o *Hezbollah* e o *Hamas*, que não são de ordem religiosa, mas política, também jogaram o seu papel. Com Gaza sob bloqueio total, não havia muitas outras formas de fazer chegar solidariedade que se visse. Adicione o leitor a estes dados a convicção da direcção xiita sobre a intensão israelita de invasão, e pergunte a si mesmo: ficava quieto ou mexia-se?

No Líbano, os militantes da causa palestiniana têm uma dívida de gratidão ao movimento xiita. O *Hezbollah* trouxe eficácia à sua luta. Trouxe, até, reconhecimento social e político aos movimentos de palestinianos nas comunidades libanesas do Sul. Nem sempre foi

---

[144] Inúmera informação sobre os prisioneiros palestinianos detidos em Israel pode ser consultada no site da Amnistia Internacional. Informação adicional pode ser obtida em http://sumoud.tao.ca

assim. Tempos houve em que, no Sul, se multiplicavam os grupos e bandos armados palestinianos, que abusavam da força e da arbitrariedade nas relações que mantinham com as comunidades libanesas das regiões fronteiriças. Para se entender o que mudou é indispensável mergulhar na história do Partido de Deus.

Na década de 70, o renascimento político da comunidade xiita teve como protagonista o "movimento dos deserdados" [145] e seu braço político-militar, o *Amal*. O *Hezbollah* surge mais tarde, entre 1982 e 1985, unificando numa só organização três grupos minoritários de obediência xiita. Como o próprio nome indica, nos primeiros anos predomina um forte perfil comunitário e religioso. A unificação dos grupos faz-se na base do Islão e na obediência ao guia supremo, o *ayatollah* Khomeyni [146]. Guardas da revolução iraniana treinam os primeiros grupos de combate. Robert Fisk assinala bem a diferença entre *Amal* e *Hezbollah* nos anos 80: "O *Hezbollah* foi fundado na fé, não no patriotismo. A encarnação dessa fé era Khomeini. Logo, podíamos identificar as diferentes tendências nas ruas de Beirute.

---

[145] O "Movimento dos Deserdados" é fundado, em 1974, pelo líder religioso xiita, Musa al-Sadr, e pelo deputado Hussein el-Husseini. Ele traduzia, em termos políticos, o renascimento da comunidade mais discriminada e empobrecida do Líbano, até aí subordinada a chefes de tipo tribal e feudal. Musa al-Sadr radicaliza a contestação a essa ordem. Quando a guerra civil começa, em 1975, o movimento cria o seu próprio braço político-militar – o *Amal*, ou Esperança – que posteriormente se transformará num partido político.

[146] Ayatollah Ruhollah Khomeini (1900/1989), líder espiritual e político da revolução iraniana de 1979. Fundador da República islâmica, governou até à morte. Khomeyni rompeu com a tradição colegial do clero xiita, ao ser consagrado como "guia supremo". A tradição dos grandes centros do xiismo duodecimal distinguia também entre poder religioso e poder político. Só no século XIX, em consequência da intervenção colonial na Pérsia, o "clero" xiita começa a intervir na política. Ruhollah Khomeini desenvolveu essa viragem. Mas nunca conseguiu acabar com a pluralidade de opinião no interior da confissão. O jurisconsulto é eleito por uma assembleia clerical votada pelo universo dos crentes. Como o Papa o Guia é inspirado pelo Altíssimo e, portanto, dotado de infalibilidade. Pode, contudo, ser demitido pela assembleia que o elegeu. No Líbano, o mais importante guia espiritual xiita, o ayatollah Fadlallah, é partidário da colegialidade.

Posters de Berri e de Khomeini raramente eram vistos lado a lado. Berri representava o Libano, Khomeini representava o Partido de Deus, o *Hezbollah*." [147]

O que progressivamente vai transformar o *Hezbollah* numa organização patriótica, embora de base comunitária, é a definição da sua própria prioridade política – a resistência contra a ocupação israelita.

Durante os primeiros anos, o novo partido é inteiramente clandestino. Combina acções espectaculares e cultura do martírio, assestando alguns golpes importantes nos seus inimigos [148]. A acção militar predomina sobre a acção política. Aquela ajuda a construir uma imagem de combatividade, mas não se pode dizer que exista, por ali, algo de novo. O aguerrido e fanático *Hezbollah* era mais um na miríade de grupos armados libaneses e palestinianos que então se batiam. A retirada de Israel para territórios mais a Sul, em 1985, permite ao partido montar o seu quartel-general no Sul de Beirute. À moda dos hábitos da guerra civil, disputa ao *Amal* e à resistência laica e comunista parcelas de território que possa controlar. Faz parte do caos.

Só na viragem para os anos 90 se começa a estruturar como rede simultaneamente militar, política e social. O Islão está presente no discurso mas, a pouco e pouco, a linguagem "libaniza-se". A decisão de concorrer às eleições de 1992 abre um novo capítulo na história do movimento. O modo como os "irmãos" administram o dinheiro que recebem de Teerão e da diáspora, é decisivo para a sua afirmação nas comunidades empobrecidas do Sul. Enquanto o *Hamas*, com

---

[147] Em *Pity the nation: Lebanon at war*, de Robert Fisk, página 605. Este longo livro, de reportagem vivencial, abrange todo o período da guerra civil com enorme detalhe informativo.

[148] Por exemplo, o duplo atentado suicida realizado em 1983 contra os quartéis-generais das tropas norte-americana e francesa em Beirute, e que se saldaram em 214 e 58 mortos, respectivamente, é atribuída ao movimento. Este, contudo, nunca o reivindicou. Do atentado resultaram duras retaliações e, finalmente, a partida da força multinacional estacionada no país.

dinheiro da Arábia Saudita, erguia mesquitas em Gaza, o *Hezbollah* investe em escolas, centros de saúde e espaços comunitários que, cumprindo objectivos sociais, servem igualmente a mobilização política. Enquanto o "velho" *Amal*, seu concorrente, adquire os vícios clientelares da política libanesa, o "novo" *Hezbollah* liga a resistência à questão social, ganhando a admiração dos mais pobres.

A componente militar mantém comando próprio e aparelho clandestino. Mas uma direcção política e social legal funciona em paralelo, respondendo pelas redes de enquadramento social e político. Os dois centros interagem. A direcção militar pôs ordem em cima do caos, mas isso só foi possível porque a frente política conduziu, com sucesso, um duplo processo de enraizamento comunitário e de libanização.

A estratégia militar modifica-se ao longo da década de 90 e, muito em especial, a partir da retirada israelita em 2000. O "foquismo" de tipo guevarista, que na sua variante suicida predomina na década de 80, dá lugar a uma experiência mais próxima da resistência *vietcong*, embora adaptada às condições libanesas[149]. O recurso aos túneis subterrâneos, à combinação entre tecnologias antigas e modernas e, principalmente, a relação com a população, evidenciadas na guerra do Verão de 2006, comprovam-no amplamente.

A lógica de uma resistência popular, ao contrário da que milícias é estruturalmente defensiva. Nos anos 90, o *Hezbollah* continuou a recorrer, contra o *Tsahal* e o Exército do Sul do Líbano, a acções de comandos extraordinariamente arriscadas. Mas não se conhece um só atentado que tenha praticado contra adversários políticos internos ou contra civis em Israel, desde fins dos anos 80. Essa regra só agora foi quebrada na guerra de 2006, ao fim de três dias de bombardeamentos israelitas contra alvos civis.

---

[149] Ensaio de Hajji Georgiu e Michel Touma, publicado no número 77 da *revista Travaux et Jours*, da Universidade de Saint Joseph. Uma versão mais abreviada, foi publicada pelo jornal *Orient Le Jour*. A sua versão electrónica pode ser consultada em http://www.lorientlejour.com

Entre 1992 e 2006, o *Hezbollah* construiu, no Sul, um sistema social, político e militar distinto do que vigora no centro e norte do país, nas regiões cristãs e sunitas. Nestas, a vida introduz-se, imaginativa, pelos canais onde o tribalismo e a ocidentalização dos consumos se namoram. A Sul, a vida é menos colorida e mais igualitária. Acompanha a paisagem áspera em que se afirma.

A melhor ilustração desta diferença ocorreu no exacto dia em que a última guerra acabou. Pela televisão, Hassan Nasrallah anunciou uma dotação de 150 milhões de dólares para as famílias com casas arrasadas ou semi-destruídas. Acto contínuo, os "irmãos" puseram-se em campo, avaliando estragos e distribuindo dólares de acordo com os critérios anunciados. Nenhum partido funciona assim. Nem mesmo um Estado, que demora pelo menos alguns meses o executar as suas próprias decisões... Por família, a verba distribuída variou entre os 3 mil e os 10 mil dólares, cobrindo o aluguer de habitação por 12 meses, ou a substituição de mobiliário e obras de urgência. O anúncio incluiu um segundo compromisso, o da ajuda na reconstrução das casas. Nenhuma conferência internacional de doadores se tinha ainda reunido, e nenhum dinheiro estava garantido pela burocracia internacional ou nacional e o *Hezbollah* já contrário, estava em campo. Sem perder tempo.

Do ponto de vista ocidental, a liquidez do movimento, com origem em Teerão e na generosidade da diáspora enriquecida, só pode surpreender. Mas na realidade, ela é "tipicamente libanesa". O *Hezbollah* apenas adaptou às condições do Sul o modelo redistributivo que os emires e as grandes famílias ainda hoje praticam no Líbano. "Adaptar" é a palavra certa. Porque este mecanismo, que se diria de "sociedade providência", aproxima-se, no caso do *Hezbollah*, de um conceito de "Estado providência". Nas condições libanesas, isso representa um progresso, uma conquista da política sobre o clientelismo clânico. Quem distribui não são os emires ou os novos-ricos, mas um partido que se obriga à não discriminação entre as comunidades atingidas pela devastação. É indiscutível que o *Hezbollah* substituiu o Estado na sua obrigação social. Por causa disso é "um Estado dentro do Estado"? Sim e não. Entre a teoria e a realidade, insinua-se a subtileza. O movimento de Nasrallah é "um Estado... dentro de um não Estado" [150]. Em teoria, competiria à rede de apoio social do Estado e ao poder local, a administração dos mecanismos de apoio. Mas a primeira é residual e o segundo não dispõe de recursos financeiros. No Líbano, a "ausência" de Estado é causa e consequência. É este o pano de fundo em que cada um assume responsabilidades ante os seus.

O "sistema *Hezbollah*" é hegemónico, mas não monolítico. O partido de Deus não dispensa alianças nem com o *Amal*, nem com correntes e personalidades das comunidades minoritárias e dos universos da esquerda laica. Noutras circunstâncias e noutro lugar, a sua influência seria um sufoco. Os condimentos para tal mutação estão no terreno, mas não são inevitáveis. O apoio aos "irmãos" não decorre da força que estes imponham, mas da segurança e dignidade que proporcionam às suas comunidades. Por outro lado, o movimento ligou o seu destino a um Líbano plural e multi-confessional. Tem respeitado escrupulosamente essa opção e, a cada nova crise de crescimento, é essa a visão estratégica que se reforça na sua direcção.

Repito: por todas as razões, a escolha do momento para o rapto foi seguramente muito ponderada. Ninguém corre o risco de alienar uma longa construção política e cultural em nome de uma aventura. Se a captura dos soldados Ehud Goldwasser e Eldad Regev se realizou naquela madrugada, é porque a direcção do *Hezbollah* "precisava de fazer qualquer coisa", algo que, sendo um risco calculado, desse saída ao desespero palestiniano e, de passagem, afirmasse a capacidade militar da resistência islâmica, num momento em que o "diálogo nacional" libanês se encontrava à beira de um impasse no tocante à questão do desarmamento.

---

[150] Tese de uma investigadora, Amal Saad-Ghorayep, autora do livro *Hezbollah: politics and religion*, citada por Tiago Dias em artigo no Público de 17 de Agosto de 2006.

140 | NO LABIRINTO

Um dos aspectos mais controversos do *Hezbollah* é a "cultura do martírio". Aludindo ao modo como, inicialmente, os combatentes do movimento desperdiçavam as suas vidas em ataques suicidas contra os soldados de Israel, Robert Fisk fez, há anos, a seguinte pergunta a Sayed Hassan Nasrallah: "explique a um ocidental como eu, como é que alguém se pode matar a si próprio com tanta facilidade?". A resposta foi assustadora: "Pense numa pessoa que está há muito tempo num sauna. Está cheio de sede, cansado, tem muito calor. Dizem-lhe então que se abrir a porta poderá entrar para uma sala serena e confortável, tomar um belo "cocktail" e ouvir música clássica. Depois, ele abre a porta e entra sem hesitação, sabendo que o que deixa para trás não é um alto preço a pagar, e que aquilo que o espera é de grande valor" [151].

A formação dos combatentes do *Hezbollah* incorpora uma forte doutrinação martiriológica. Por razões práticas, em primeiro lugar. O xeque Naim Kassem, figura de relevo no partido, sustenta que "a educação baseada na noção de vitória não garante a vitória e inibe a força potencial da nação. Pelo contrário, inculcar a noção do mártir permite tirar beneficio de todas as potencialidades e permite realizar o mártir ou a vitória, ou ambas em simultâneo" [152]. Hajji Georgiu e Michel Touma, investigadores da Universidade de Saint Joseph, propõem uma outra abordagem. Para ambos, "a relativização do valor da vida terrena é uma das grandes diferenças do xiismo com a percepção ocidental". Esta diferença estaria presente "no inconsciente xiita desde o martírio de Hussein em 680 dc" [153]. Se a datação é justa, já a atribuição de uma específica dimensão martiriológica a este ramo do Islão é abusiva.

O martírio, como prática e conceito religioso-cultural, antecede o cisma xiita. Existe como categoria judaica e cristã, e como prática

---

[151] Artigo de Robert Fisk, traduzido pelo *Expresso* a 9 de Setembro de 2006.
[152] Hajj e Touma em *Orient Le Jour*. Ver nota 148
[153] *Idem*

de combate, muito antes do advento do Islão. Os judeus usaram-na contra a ocupação romana, e os primeiros cristãos contra a hierarquia "colaboracionista" judaica. A promessa do paraíso sempre ajudou este mundo a morrer em nome de Deus. Mais as hierarquias clericais das três religiões do Livro sempre invocaram o Além, quando precisaram de carne para canhão. As listas de mártires hebraicos e cristãos são tão intermináveis quanto as de sunitas e xiitas.

É verdade que a percepção ocidental contemporânea não é particularmente auto-sacrificial. Sessenta anos de Paz, cinquenta de sociedade de consumo e trinta de provisório triunfo do individualismo, produziram efeitos. Mas este é um fenómeno recente e historicamente não consolidado. Durante as duas guerras mundiais que esvaíram a Europa, os soldados morriam em nome da pátria, benzendo-se antes de cada combate, na esperança de, pelo menos, conquistarem o reino dos céus. E aqueles que, sendo ateus, morreram pelas causas que abraçaram, fizeram-no na condição que os árabes traduzem por *fedayin* – "o que dá a vida". Anarquistas, comunistas, socialistas e pedreiros livres, mesmo quando ateus, são tão tributários como os crentes de um caldo de cultura que sempre relativizou o valor da própria vida em face do dever e do devir. Nos melhores casos, deram a vida em nome da vida dos outros. Tal como Jesus, que se deixou crucificar em nome da redenção...

No caso da resistência islâmica, pertinentes são duas outras questões: o martírio insere-se numa "cultura da morte"? E, segundo, por quem se morre? Pelo Líbano, pelo Irão ou pela ideia de república islâmica? Nas suas *Considerações sobre a desgraça árabe*, Samir Kassir distingue entre "o que dá a vida" e o que "procura a morte"[154]. A linha de fronteira é ténue, mas decisiva. Ele respeita o primeiro e afasta-se radicalmente do segundo, que considera como parte do drama árabe. Tem toda a razão. O terrorismo fundamentalista insere--se claramente na última das categorias. Transforma a homenagem

---

[154] *Considerações sobre a desgraça árabe*, página 125

ao mártir, que se destina a mobilizar os vivos, no elogio da própria morte. O *Hezbollah* de hoje não é integrável nesse grupo. Nos primeiros anos da sua história, sim. O Líbano era então o inferno dos vivos. O valor da vida estava em saldos e o culto da morte crescia na proporção inversa. Por outro lado, o guia supremo dos xiitas, o *ayatollah* Ruhollah Khomeini, enviava contra os tanques iraquianos massas infindas de iranianos quase desarmados. Foi assim, em sangue, que o Irão sobreviveu aos primeiros assaltos de Saddam Hussein nos anos 80. O novo movimento nasceu neste duplo caldo de dor e sofrimento. Isso marca. Entretanto, passaram vinte anos. A resistência de hoje, articulando grupos operacionais clandestinos com redes de "aldeia" e "cidade", não é compatível com uma visão fundamentalista do martírio. Os grupos de combate estão evidentemente preparados para morrer. São preparados para isso. O elemento religioso, a certeza da honra prestada ao mártir, a garantia de que a família não ficará desamparada, e até o prémio das virgens no paraíso, influem nessa disposição. Mas uma resistência popular alargada não funciona, psicologicamente, desse modo. Quando se envolve o povo num conflito prolongado, o objectivo não é morrer, mas assestar o máximo de baixas com o mínimo de perdas. A mais recente guerra confirmou este mesmo padrão de defesa. Ele recorre a operações suicidas apenas se forem absolutamente indispensáveis. Elas deixaram de ser a filosofia de combate. O mesmo se pode dizer do apelo ao martírio colectivo, que em lugar algum escurtinei. Um estranho cartaz que vi na antiga prisão de Rhyam, com o rosto de Hassan Nasrallah, resume a mutação: "Resistência não é milícia".

Por todo o Sul existem cartazes com os rostos dos mártires. Existe uma evidente cultura de homenagem a quem "dá a vida". Mas nunca a intuí como elogio da morte.

À segunda questão – em nome de que morrem os combatentes? a resposta é: pelo Líbano. Uma extensa lista de personalidades libanesas, insuspeitas de ligações à resistência islâmica, socorre esta opinião. Por mim, deixo-vos um breve apontamento da última viagem que fiz ao Sul do país, três meses antes da guerra ter começado.

A convite de um deputado do *Amal*, vários eurodeputados visitaram Nabatyeh, a verdadeira capital política do Sul. Começámos por um centro comunitário, em tudo igual à sede social de uma colectividade portuguesa com salão de baile. Em seguida, visitámos a principal escola secundária da cidade, frequentada por 1900 alunos, na sua grande maioria muçulmanos. É um colégio cristão, dirigido por freiras antoninas. Tem excelentes instalações. Todas as turmas são mistas. Entre as raparigas, quem quer usa lenço e quem não quer não usa. Não há véus integrais. Nem aulas de religião e moral. Quem as deseje, frequenta a catequese ou a madrasa. "Impensável em terras dirigidas por barbudos"!? Não é. Abandone, por um momento, as ideias feitas, que elas não ajudam nesta viagem.

Seguiu-se o almoço. Umas sessenta pessoas aguardavam. Estavam presidentes de câmara das localidades em redor, empresários, padres maronitas e mulheres jovens, a maioria sem lenço e devidamente carregadas de pintura, ao modo árabe. Por outras palavras, estavam ali as "forças vivas" do Sul. Quem já tenha presenciado este tipo de recepções, distingue a encenação da realidade. No caso, havia algo de ambas. Nabatiyeh não é tão "ocidental" como o repasto sugeria nem tão fechada quanto quem lá nunca pôs os pés, seria levado a supor.

Durante o almoço, fiquei em frente de um deputado do *Amal* e de outro do *Hezbollah*. A conversa deriva para o Irão e as possibilidades da guerra lá chegar. Eles queriam a minha opinião sobre o assunto e eu a deles, sobre o que fariam na eventualidade. O diálogo que se segue vale o que vale. Só não inclui os nomes dos deputados, porque não tive como obter a sua prévia autorização.

Deputado do *Amal*: acha que vai haver guerra?

Respondo: Guerra de destruição aérea é muito provável... mas não é certo. Teerão ainda tem cartas fortes para jogar. A sua influência entre os xiitas do Iraque é uma delas...

Comentário do deputado: ...de facto, o Iraque é uma carta que Teerão ainda pode jogar...

Pergunto: E o Líbano? É a segunda carta de Teerão?

Resposta imediata: Não, o Líbano não é uma carta de Teerão.

Renovo: importa-se de repetir para o seu colega a pergunta que lhe acabei de fazer (o deputado do *Hezbollah* só falava árabe)?

Resposta deste, igualmente imediata: Não. Faremos manifestações, protestos e mobilização. Mas o Líbano não será envolvido na guerra.

À saída da refeição, um homem idoso e selecto que conhecera durante uma recepção na embaixada de França, aproveita o cumprimento de despedida para me sussurrar o seu agradecimento pelo facto de ter sido o único dos eurodeputados a falar com o homem do *Hezbollah*: "na Europa não acreditam, mas quero que saiba que eles são os primeiros libaneses do Líbano". Só posso garantir que não pertencia ao partido do xeque Nasrallah...

ISLAMISMO

Confesso a dificuldade deste momento. O que escreva sobre a resistência islâmica arrepia o senso comum do "lado de cá". A ideia feita sobre o *Hezbollah* é a de uma seita terrorista e integrista, "ainda por cima xiita". Contrariar esta leitura corre o risco de identificar uma simpatia, senão uma cumplicidade. Imponho-me por isso dois esclarecimentos: primeiro, não tenho qualquer reserva mental quanto ao arqui-inimigo de Hassan Nasrallah, Israel. É irrelevante a opinião que possa ter sobre o modo como nasceu o Estado hebraico. Reconheço, sem dificuldade, que não me vem à cabeça uma só nação que tenha nascido de parto sem dor. Deve haver, mas não me lembro. Por mim, Israel aí está e tem direito à sua segurança. Rigorosamente a mesma que os seus vizinhos, em particular o Líbano, lhe exigem. Reduzo o problema de Israel à ocupação colonial que iniciou há 40 anos, entre outras razões, porque a política só coloca os problemas a que pode responder. Sei que esta não é a opinião de muitos árabes. Mas também sei que mesmo esses abandonariam as armas, mal o conflito se pudesse resolver nas fronteiras anteriores à guerra dos seis dias.

Segundo esclarecimento, não ignoro a origem religiosa do *Hezbollah*, nem o peso que a inspiração islâmica tem na decisão política. Tenho sempre as maiores reservas com partidos que inscrevam ou invoquem o nome de Deus. No limite, espero deles sempre o pior. Mas entre o fundamento religioso do movimento e a sua catalogação como partido islamista vai uma considerável diferença. Alain Gresh e Dominique Vidal anotam, justamente, que o "islamismo" se trans-

146 | NO LABIRINTO

formou num conceito carregado de ambiguidade, porque associa o Islão ao extremismo político-religioso e às suas variantes terroristas. Essa identificação é acentuada por inúmeros analistas que não hesitam em estabelecer uma ligação entre os movimentos integristas e o próprio Corão. Na realidade, a islamofobia, dominante nos círculos conservadores ocidentais, reconhece aos integristas uma autoridade interpretativa do Corão que a esmagadora maioria dos muçulmanos lhes recusa. O argumento conservador ocidental visa o próprio Corão, entendido como fonte inspiradora de extremismo e violência. Não há qualquer seriedade intelectual no argumento. Descortinar uma "essência" violenta e intolerante no livro sagrado dos muçulmanos, recorrendo a frases que lá se encontram, é o mesmo do que propor aos cristãos uma leitura da Bíblia a partir das frases que nela incitem ao ódio, à guerra ou à cegueira ante o *Outro*. O Deus do Velho Testamento, como se sabe, nunca foi, propriamente, uma criatura irrepreensível. Mesmo Jesus teve os seus deslizes, decerto atribuíveis à dimensão humana da sua complexa natureza...

Seja como for, o conceito é de uso corrente. Os estudiosos definem como "islamistas" os movimentos que, simultaneamente, fazem do Islão o ponto central da sua acção política, e têm por objectivo a criação de um Estado islâmico. Olivier Roy identifica três variantes neste universo militante: uma mais tradicional, que se pode referenciar à *Irmandade Muçulmana*, usou a religião fundamentalmente contra a esquerda e o nacionalismo árabe. Uma segunda, dita "afegã", tem origem nos grupos de *moujahedin's* formados e treinados, de resto com apoio da CIA, no Afeganistão. Finalmente, é a derrota desta vaga que está na origem de uma segunda geração de terroristas que se referencia à *Al-Qaida*, mas que surge desterritorializada um pouco por todo o mundo.

O *Hezbollah* tem seguramente como fonte de inspiração o Islão. Mas nem propõe que as leis do Líbano decorram da *sharia*, ou seja, da tradição e ensinamentos do profeta, nem defende o objectivo da república islâmica. O que o partido de Deus tem de mais "islamista" é mesmo a sua origem... e o seu nome.

Devo dizer que o meu interesse por este movimento é recente e meramente casual. Encontrava-me em Damasco a 20 de Fevereiro de 2003, em filmagens. Esse foi o grande dia mundial das manifestações contra a invasão anunciada do Iraque. Tive imensa pena de não estar em Lisboa. Ou, vá lá, em Beirute. A manifestação de Damasco era uma tristeza, uma miserável operação de burocratas à moda dos países de Leste. E, no entanto, a 130 quilómetros de distância, junto ao mar, alguém lançava aos líderes árabes uma frase que não esqueci e que homenageava a Europa: "não deixem que os franceses sejam mais árabes do que os árabes"! Quem assim falava era Sayed Hassan Nasrallah.

Sempre admiti que o líder xiita tivesse um discurso para ocidental ler e outro para consumo interno. Mas agora em Beirute, ouvi-o na *Al Manara* [155], a televisão do seu movimento, que continuava a emitir apesar de bombardeada. Um dos empregados do hotel onde me encontrava era libanês de origem brasileira. Pude seguir a ladainha com direito a tradução simultânea. Em plena guerra, não fez uma só referência religiosa, nem apelou à *Jihad* [156]. Só no fim das hostilidades dedicará a "divina vitória" aos libaneses e à *Umma*, a comunidade dos crentes. O seu fio de argumento é, do primeiro ao derradeiro minuto, patriótico e anti-imperialista. Vale o que vale, dirão os cépticos. Não creio. A guerra foi muito violenta. Resistir à tentação islamista do

---

[155] Esta cadeia de televisão esteve há dois anos envolvida em grossa polémica internacional por ter passado uma novela que era, não apenas anti-sionista, como anti-semita. Círculos políticos ocidentais não perderam a oportunidade de processarem a cadeia, que, perdeu vários contratos de emissão por satélite que tinha para as comunidades da diáspora.

[156] A palavra *Jihad* é susceptível de diferentes leituras. Os fundamentalistas invocam-na como apelo à "guerra santa" e este é o sentido usado no texto. A maioria dos muçulmanos entende-a, no entanto, como combate pelo aperfeiçoamento da condição humana, como batalha interior que o crente trava para ajustar a sua vida aos preceitos do que deve ser um "bom muçulmano". Ainda uma precisão: no início e no fim das intervenções de Nasrallah, existem formulações religiosas do tipo "em nome de Deus, Clemente e Misericordioso". Devem entender-se como bengalas de circunstância e convenção social que, aliás, são comuns nas conversas quotidianas.

apelo à *guerra santa* vale bem mais do que parece. Representa uma escolha política pelo Líbano e pelo pluriconfessionalismo.

Hassan Nasrallah é secretário-geral de um partido cuja direcção é, em 90 por cento, secular. Mas é *Sayed*, ou seja, descendente do Profeta por via do sangue de sua filha Fátima e por Ali, seu genro. Na cultura islâmica, e muito em particular no xiismo, a linhagem conta. Nasrallah não possui o grau de *ayatollah*, mas alia "sangue real" à autoridade conquistada no terreno, e a um unânime reconhecimento de incorruptibilidade. Mais ainda, não pede sacrifícios só para os outros. Tem um filho morto em combate contra Israel. No mundo árabe, com metade deste *curriculum* faz-se uma lenda.

O xeque xiita é ainda uma referência numa confissão que foi convulsionada pela revolução islâmica no Irão e pela ascensão de Ruhollah Khomeini à condição de *waly el-fakih* ou, "guia supremo" da comunidade. Esta concentração de poder numa só pessoa é estranha à tradição duodecimal do xiismo que é, pelo contrário, colegial. A razão para esta contenção inscreve-se no próprio mito em que a corrente se funda: o décimo segundo imã, o Madhi, não morreu, apenas se ocultou. Esta crença levou os juriconsultos a moderarem o seu próprio poder. Acreditam que a reserva de infalibilidade continua a ser detida pelo que um dia regressará. A viragem operada por Khomeini não podia, portanto, ser pacífica. E muito menos o foi quando, após a sua morte, o facho passou para Khamenei, a verdadeira autoridade político-religiosa do Irão. Grandes *ayatollah's* como Mountaziri, no Irão, Sistani no Iraque ou Fadlallah, no Líbano, contestam o *waly el-fakih*. Hassan Nasrallah, embora jovem, e talvez por isso, foi adepto da viragem khomeinista. À época, foi matéria de convicção. Hoje, a intuição diz-me que as relações do *Hezbollah* com a autoridade político-religiosa de Teerão se fundam na *realpolitik* – o movimento quer manter as melhores relações com quem ocupe o lugar de guia, independentemente do protagonista. Senão, como interpretar o modo como Hassan Nasrallah adapta a teoria do imanato às condições libanesas? "Não se trata de *langage de bois*, mas de um discurso intelectual que se apoia sobre fundamentos filosóficos e

TRINTA E TRÊS DIAS DE GUERRA | 149

religiosos, e não apenas sobre um vocabulário político: inscrevemo-nos (o *Hezbollah*) na visão religiosa islâmica, numa visão que é muçulmana e não simplesmente xiita ou sunita. Afirmamos que as pessoas têm necessidade de um imã, de um guia. Na linguagem de hoje, um imã quer dizer uma ordem, uma organização. Quer dizer um Estado. Nenhum grupo humano pode viver num território determinado, sem Estado, desprovido da identidade e do conteúdo desse Estado"[157]. Só mesmo um descendente de profeta, com legitimidade conquistada no campo de batalha, poderia secularizar deste modo a mais dura disputa teológica do xiismo...

"A luta política é parte integrante da missão e dos deveres religiosos". Nesta afirmação se sintetiza a segunda grande ruptura do khomeinismo com a tradição xiita que, diferentemente do sunismo, tendia à separação entre a esfera religiosa e política. Khomeini, pelo contrário, funde as duas dimensões num projecto revolucionário que se afirmará, simultaneamente, anti-moderno, anti-imperialista e anti--soviético. O que unifica esta tripla negação é a ideia de república islâmica. O manifesto político da fundação do *Hezbollah* é "favorável ao estabelecimento de um Estado islâmico", na condição deste ser o resultado "de uma escolha livre pela população". "Não será imposto de qualquer outro modo", garantia-se em 1985. Objectivo e restrição foram entretanto abandonados: "a direcção actual do *Hezbollah* diz que a república islâmica não está nas suas intenções, mesmo que continue a considerar o Islão como fundamento da sua acção e pensamento. O seu objectivo é contribuir para a consolidação de um poder pluriconfessional, que garanta uma participação equitativa de todas as comunidades na gestão da coisa pública"[158]. Para esta mudança, contou um argumento muito poderoso: desde Ben Gurion que os líderes israelitas sonham com a partição confessional do Líbano, a

---

[157] Em *As Safir*, entrevista referenciada na nota 139
[158] Hajj e Touma em *Orient Le Jour*. Ver nota 148

qual legitimaria, por similitude, o próprio Estado judaico. A política é, assim, faz-se com as razões impostas pela realidade. O texto de 1985 é, um fundo, um documento de juventude. Mesmo que a arte já aí se insinuasse, na renúncia à imposição da república islâmica por via revolucionária.

Quem tenha formação marxista, conhece as intermináveis polémicas sobre reforma e revolução, e via pacífica e opção revolucionária. *Mutatis mutandis*, trata-se da mesma problemática. François Thual explora algumas cambiantes deste paralelo. Para este autor, a dimensão messiânica do xiismo – inerente à ocultação do último imã – é indissociável das perseguições que vitimaram os seus crentes ao longo dos séculos. Com excepção de um período de cem anos, no século XI, e da Pérsia, a partir do século XVI, os xiismos sobreviveram em contextos de marginalização e subordinação. A condição minoritária e a ausência de centro determinou a sua enorme pluralidade – há xiismos com e sem "clero"; mais e menos místicos; prosélitos ou de iniciação. Por outro lado, com a excepção persa, o xiismo nunca dependeu de conceitos de territorialidade estatal. Durante séculos, o império sunita e califal, identificou o opressor. O profetismo xiita tem, em consequência, uma forte propensão à "interpelação dos poderosos" e "uma longa tradição de luta contra as injustiças". Thual compara-o ao messianismo comunista: "as minorias xiitas lutam para libertar o Mundo, como o proletariado, no pensamento marxista, luta pela libertação da Humanidade" [159]. No paralelo, o autor alia a dimensão revolucionária da promessa xiita à sua extra-territorialidade – o comunismo diria internacionalista... – à luz das fronteiras hoje existentes. Aqui chegado, Francais Thual opera um salto mortal: os dilemas da política externa da revolução iraniana seriam comparáveis aos que atravessaram a URSS. Parafraseando, "xiismo num só país" ou "revolução islâmica internacional"...

---

[159] *in Geopolitique du chiisme*, de François Thual, editions arléa, 1995, página 16 e 17. As anteriores citações entre aspas também são do autor.

Outra estrada, a que liga partido e nação, permite outros paralelos. O movimento comunista começou por se fundar na ideia de que "os trabalhadores não têm pátria", como escrevia Karl Marx. Foi o enraizamento nas classes populares que exigiu do comunismo políticas no quadro do Estado nação, e a disputa sobre a própria ideia de nação. Vingaram os partidos que, ousando serem mais do que seitas, compreenderam que, afinal, os trabalhadores *também* tinham pátria. Nos melhores casos, a tensão entre a urgência do enraizamento – "nacionalizante" – e a dimensão cultural e ideológica – "universalizadora" – foi profícua. Noutros, o ideal consumiu-se na própria ideia de nação.

A substância desta tensão é aplicável ao *Hezbollah*. A resistência islâmica enquadra a sua acção num universo – a comunidade dos crentes – que une para lá das fronteiras nacionais; tem uma ligação fundadora a Teerão que, qual Moscovo, projecta o facho da revolução e da república islâmica; e, *last but not least*, confronta um Líbano que nunca foi generoso com os xiitas. Com base neste quadro, Georgiu e Touma consideram existir "uma propensão natural da comunidade xiita libanesa a organizar-se em *açabiyya*, ou seja, em revolta contra o centro político e económico e igualmente contra os seus próprios senhores feudais, e a rejeitar qualquer assimilação por uma cultura territorial que até ao presente pouco ou nada lhe ligou" [160]. Nesta passagem, os autores exorbitam as potencialidades do conceito que pediram emprestado a Ibn Khaldum [161]. A *açabiyya* definia a "solidariedade de corpo" que um grupo ou comunidade com ligações

---

[160] Hajj e Touma em *Orient Le Jour*. Ver nota 148

[161] Ibn Khaldun (1332-1406) é a mais importante figura de referência muçulmana para a formação das ciências sociais, em particular da História e da Sociologia modernas. Nasceu em Tunes, numa família de classe alta. Os seus antepassados eram iemenitas, mas alguns biógrafos questionam a pretensão, sugerindo ser a sua família de origem berbere, e "adaptada" a árabe por razões de estatuto social. No Norte de África e na Península Ibérica, Ibn Khaldun teve uma vida razoavelmente agitada, ao sabor das vitórias e derrotas militares de cada um dos seus protectores. As suas principais obras – sobre o mundo de aprendizagem árabe e sobre a vida dos berberes, foram escritas

sanguíneas fortes, pratica quando não dispõe do poder político e se propõe conquistá-lo. Ibn Khaldum sustentava ainda a regra do enfraquecimento dessa característica, a partir do momento em que se consumava o objectivo da luta. Apesar do abuso, o empréstimo ajuda os autores definirem o *Hezbollah* como expressão política, militar e social de uma comunidade que despertou para a revolta e nela funda o seu próprio renascimento. Seria, assim, o herdeiro actual do "movimento dos deserdados" que, nos idos de 60 e 70, animou uma luta prolongada contra o "quietismo" das lideranças tradicionais xiitas, e a apropriação do poder pelos emires das outras comunidades. Tributário dessa história, o *Hezbollah* aprendeu, entretanto, que a revolta só tinha saída política em escala nacional. Qualquer outra hipótese seria uma aventura. O contexto envolvente não permitia, nem permite qualquer outra opção. As dúvidas existenciais que o movimento possa ter tido dissiparam-se com a ocupação israelita. Foi esta quem verdadeiramente libanizou o xiismo revolucionário, e lhe deu a oportunidade de se afirmar como arma e alma da nação.

A meio da última guerra, Ghassan Tuéni fez-se eco da dúvida que hoje atravessa, como um furacão, o mundo árabe: "Nasrallah é um patriota, não um agente do Irão. Mas encontra-se numa bifurcação: deve escolher entre transformar-se num revolucionário islâmico transnacional ou num líder libanês disposto ao compromisso"[162]. A resposta chegaria um mês depois: "o *Hezbollah* não se arroga minimamente a intenção de tudo dirigir. Nem no Líbano, nem no mundo árabe. Seja dito entre parêntesis: isso não faria senão aumentar os nossos problemas. Pessoalmente, não tenciono jogar ao "grande

---

em idade madura, entre a actual Argélia e a cidade de Tunes. Passou os últimos 25 anos da sua vida no Cairo, como grande cadi da tradição maliquita, a mais importante entre os muçulmanos do Norte de África.

[162] Declarações a reportagem publicada no *La Reppublica* de 6 de Agosto.

chefe". Nem no seio do *Hezbollah*, nem muito menos ao nível do mundo árabe considerado no seu conjunto"[163].

Nessa longa entrevista, Nasrallah discorre sobre a guerra e as "novas responsabilidades" do seu movimento. A prudência comanda o resistente na hora do triunfo. Quando o jornalista lhe pergunta porque não aproveita o *Hezbollah* para superar a sua condição xiita, a resposta não é religiosa, nem identitária. O xeque reconhece que o movimento deve "repensar muitas das suas ideias e programa, em particular no que concerne às relações políticas com os libaneses de outras comunidades". Realça "as impressões positivas e mesmo excelentes" dos refugiados à forma como foram acolhidos por sunitas e cristãos: "este dado deixa uma marca muito profunda na mentalidade do *Hezbollah*, sobre a sua compreensão das coisas, o seu funcionamento e acção, e conduzirá à melhoria da interacção social e societal". Quanto à abertura do partido a aderentes de outras comunidades, ele confronta a possibilidade com os limites em que se move a "política à libanesa":

> "Pedimos a um certo número de responsáveis políticos e encarregados de relações públicas que estabelecessem contactos directos, incluindo com os notáveis de algumas famílias, para dar explicações e responder às suas interrogações. Isso deveria ser um direito natural e é preciso que seja possível no Líbano. Quero dizer, é preciso que as relações entre os xiitas e os sunitas, e vice-versa, não passem obrigatoriamente pela intermediação dos líderes, nem dos partidos, nem dos quadros políticos. É preciso que essas relações sejam populares e directas. Infelizmente, constatámos que este tipo de iniciativa se arriscava a ferir certas susceptibilidades. Houve logo quem dissesse que o *Hezbollah* queria fazer entrismo nos domínios sunitas. E esta foi a menor das incriminações de alguns, para quem nós teríamos como projecto falsificar o sunismo em xiismo. São evidentemente mentiras (...), mas temos de compreender essas sensibilidades. De qualquer

---

[163] Em *As Safir*, entrevista referenciada na nota 140.

modo, concordo consigo. O *Hezbollah* deve absolutamente passar a dirigir-se, mais do que até hoje fez, às outras comunidades confessionais e às outras correntes".

A popularidade de Nasrallah não conhece hoje barreiras comunitárias e ultrapassa as fronteiras do país. Quando saí do Líbano, no fim de Julho, regressei por Damasco, maioritariamente sunita. Não eram apenas os edifícios públicos que tinham cartazes com o rosto do líder xiita. Era a cidade. Só me lembro de assistir a algo comparável em Portugal nas jornadas de solidariedade com Timor-leste ou nos efémeros momentos de glória futebolística. Este prestígio não decorre de Teerão e, muito menos da condição xiita. A legitimidade do *Hezbollah* foi conquistada em combate, afirmada no modo como administra os territórios onde é maioria, e confirmada nas urnas.

Interpelo o cepticismo com um derradeiro paralelo: classificar Hassan Nasrallah como "instrumento de Teerão" é o mesmo que caricaturar Álvaro Cunhal como "agente soviético". Álvaro Cunhal era, sem dúvida, o mais "pró-soviético" dos líderes comunistas ocidentais. Essa condição decorria do modo como via o mundo e a luta internacional pelo socialismo. Tinha as suas opiniões sobre os soviéticos, mas guardava-as para si. Num mundo organizado em blocos, ele tinha o seu, e ponto. Mas a autoridade para dirigir o PCP sem interferências externas, foi em Portugal que ganhou. Na revolução portuguesa, a orientação do PCP nunca resultou de instruções ou recados do estrangeiro. Álvaro Cunhal ouvia as opiniões dos seus amigos soviéticos e mantinha-os regularmente informados. Mas era em Portugal que decidia. As relações de Hassan Nasrallah com Teerão são da mesma natureza. Com a particularidade da sua autoridade ser a de uma lenda viva, a única que o mundo árabe verdadeiramente gerou depois de Nasser. Nasrallah não é apenas um príncipe. Se o desejasse, poderia ser "rei".

Com todas as reservas que as comparações entre mundos e protagonistas tão diferentes recomenda, diria que algo os aproxima do ponto de vista da mentalidade e da psicologia: são resistentes e não revolucionários que sonham com o "assalto aos céus". Um e outro tiveram, ou têm, os seus respectivos "sóis da terra". Mas, mais do que paraísos, eram, são, bens a preservar pelas condições de luta impostas pela relação de forças internacional. Esta visão em nada abjura a reserva das convicções mais profundas. As respectivas "nacionalizações" não contradizem a devoção às respectivas causas, antes é o contributo seguro que lhe deixam.

CRIME

Só uma semana depois do conflito se ter iniciado, o secretário-geral das Nações Unidas propôs um cessar-fogo destinado a evacuar as populações, possibilitar a ajuda humanitária e "dar uma oportunidade à diplomacia". Como se esperava, os norte-americanos recusaram liminarmente a proposta. Foi preciso esperar alguns dias para que Israel autorizasse uma abertura, parcial e limitada no tempo, de corredores para uma máquina de apoio humanitário que se encontrava paralisada. Mesmo assim, os processos de autorização de circulação e verificação da carga das viaturas de auxílio impostos por Israel, eram tão complexos, que pouco ou nada chegou ao destino. Só na partida para a recta final da guerra foi possível assegurar uma trégua que permitiu evacuar populações com um mínimo de segurança e fazer chegar auxílio que se visse. Na quarta semana de guerra, o *Tsahal* ensaiava uma escalada na ofensiva e queria, finalmente, ver-se livre da presença de população. Podia ter pensado nisso antes...

O êxodo do Sul iniciou-se logo nos primeiros dias de bombardeamentos. Centenas de milhares de pessoas procuraram colocar-se ao abrigo, mesmo as que viviam em localidades ainda não castigadas. Mas as famílias hesitavam. Por um lado, não queriam deixar as casas e haveres; por outro lado, conheciam a guerra e não tinham ilusões. A maioria decidiu partir. Mas fê-lo de credo muçulmano nos lábios. A viagem era tão perigosa como a permanência.

A 15 de Julho, no terceiro dia de guerra, um grupo de viaturas abandona Marwaheen. O *Tsahal* avisara no dia anterior que iria bombardear a localidade e as pessoas organizaram-se. Sucede que também o "comboio" foi atacado pela aviação. Vinte e um civis morreram, nove dos quais crianças. "Outro alvo terrorista foi eliminado", comentará, cáustico, Robert Fisk. [164]. A notícia correu veloz e suou como aviso. Uma semana mais tarde, a 23 de Julho, outros dois comboios, saídos de Mansouri, tiveram idêntico destino. Mais duas vítimas civis e 13 feridos. A mensagem era clara e bem diferentes da apregoada nos folhetos lançados ao vento. Saiam ou fiquem, estão feitos, ninguém está a salvo, a solução é renderem-se.

Desde os primeiros dias, Israel fez saber que qualquer viatura em movimento seria um alvo potencial. A aviação israelita destruiu mais de quatro mil viaturas ao longo da guerra. Bombardeou ainda de forma sistemática 143 pontes e uma centena de estradas, nas três primeiras semanas de conflito. Tudo isto sob pretexto de impedir o reabastecimento da milícia. Do que hoje se sabe, o *Hezbollah* enfrentou várias dificuldades, mas não essa. Armas, munições e alimentos estavam devidamente armazenadas na previsão de um período de guerra bem mais prolongado. Em contrapartida, conhece-se o resultado desta cega lógica militar. Segundo a *Human Rights Watch*, presente no terreno entre 12 e 27 de Julho, pelo menos em "24 casos, os tiros do exército israelita que mataram numerosos civis, não se podem explicar por erro, nem pela presença de combatentes do *Hezbollah*" [165].

Contrariando o mais elementar bom senso, vários comentadores desenvolveram uma extraordinária teoria sobre a "originalidade" desta guerra: ela seria "assimétrica", mas em benefício do lado militarmente menos poderoso. As pessoas puderam observar nas televisões a abissal diferença de poder de fogo, morte e destruição entre as partes. As estatísticas da guerra também não mentem. Grosso modo, a proporção de vítimas mortais foi de 1 para 10 e o poder de fogo de 1 para 30. Por muito que se queira torcer a realidade, na guerra do Líbano

---

[164] *The Independent*, de 16 de Julho de 2006

[165] O Relatório pode ser consultado em http://hrw.org/french/docs/2006/08/05/lebano13984.htm

houve um David e um Golias, mas os seus papéis estavam invertidos face ao relato bíblico.

De acordo com tais comentadores, o *Hezbollah* seria o mais forte, porque usava as populações como "escudo humano", limitando a liberdade de movimentos de um exército com preocupações de ordem ética e moral. Mesmo discordando do segundo pressuposto, admitiria com facilidade a parte dos "escudos humanos". Sei quanto baste das guerras que não vivi, para admitir a sua possibilidade. Sucede que não há notícia de casos de impedimento de fuga. Nem sequer nas terras cristãs e sunitas de fronteira que, flageladas, também resistiram. O Líbano terá muitos defeitos, mas é um país com liberdade de imprensa e partidos políticos aguerridos, capazes de mergulharem o ódio na guerra. Tivesse a resistência islâmica forçado alguém a ficar, e tal seria objecto de larga controvérsia.

A realidade foi bem mais prosaica: apesar da maioria ter partido, houve sempre quem ficasse. "Ao longo do conflito, cerca de 100 mil civis foram apanhados na armadilha ao Sul do Líbano. Tiveram medo de partir por causa da ameaça israelita de tomar os carros por alvo e ainda das declarações largamente difundidas pelo ministro da Justiça, Haim Ramon, que declarou: "todos os que se encontram actualmente no Sul do Líbano são terroristas ligados de um ou outro modo ao *Hezbollah*" [166]. Trata-se de uma evidente mentira. Na decisão não partir pesaram muitos motivos, para lá da fé ou das ideologias. Os mais pobres, os mais idosos e os doentes e feridos têm sempre maior dificuldade em mover-se. Por esta e aquela razão, vão ficando. Nada disto é novidade para quem saiba algo da guerra, e muito menos para quem dela faça ofício. Mas um civil só pode ser classificado como "escudo humano" se a essa condição for forçado. Houve de facto reféns. Muitos: os que ficaram paralisados ante os sinais contraditórios emitidos por Telavive.

---

[166] Citação inserida no Relatório da Amnistia Internacional relativo a Israel durante a guerra, que pode ser consultado em www.amnesty.org

Não se pode pedir a uma resistência popular que abandone as vilas ou cidades que o adversário quer tomar, só porque aí existem civis. A ideia de uma guerra em que, galhardamente, se escolhe um campo de batalha, e aí marcham os dois exércitos um contra o outro, com o povo a assistir, não existe senão em livros de sonho. Muito menos quando a desigualdade de meios é imensa. Exigir de quem só tem infantaria, e alguma artilharia móvel, que trave combate contra tanques e aviões à vista desarmada, não é razoável. Aqueles combatentes "dão a vida", mas não são parvos.

Cada lado sabia que a guerra se desenrolava em terreno civil. A resistência islâmica violou as convenções da guerra quando, a partir do terceiro dia de bombardeamentos israelitas sobre alvos civis, começou a lançar roquetes para os aglomerados urbanos do Norte de Israel. O relatório da Amnistia Internacional relativo à resistência islâmica contabiliza 43 civis e 12 soldados mortos, além de ferimentos graves em 33 pessoas e ligeiros em 1338, devidos ao lançamento de *katiushas*. Até 14 de Julho, o *Hezbollah* visou estritamente alvos militares, se bem que a Amnistia registe um caso de morte a 13 na localidade de Nahariya. Mas nunca impediu as pessoas de saírem. O *Tsahal*, pelo contrário, até ao fim da terceira semana de conflito, dificultou ao máximo essa fuga, transformando-a numa aventura exposta aos caças israelitas. Só na recta final, Dan Halutz [167] quis "enxotar" o povo, porque este o estava a fazer perder a guerra nas televisões. Durante as três primeiras semanas, castigou-o por votar e apoiar o *Hezbollah*.

Foi uma sanha. Como sanha foi o poder de fogo dos últimos três dias de luta. Em resultado dessa inqualificável atitude, ficaram no terreno cem mil bombas por explodir. Catorze a vinte por cento das

---

[167] O chefe do Estado-maior do Exército israelita é de origem iraniano-judia, nascido em 1948. Major general da Força aérea sucede, em Agosto de 2005, a Moshe Yaalon, um paraquedista. O predomínio dos generais do ar reflecte a própria evolução da doutroia militar do *Tsahal*: por um lado, a ocupação e os seus assassinatos selectivos a partir do uso de meios aéreos e corpos especiais helitransportados; por outro lado, a ideia de que, por via aérea, se pode atingir ameaça vinda da região.

bombas israelitas não explodiram, garantia no *Le Monde* de 3 de Setembro a *Human Rights Watch*. Cem mil bombas... Do *Tsahal* espera--se tudo, menos que armazene material antigo e com defeito. Os engenhos de que falava o jornal francês ainda estão "vivos". Contêm, cada um, 88 e 644 pequenos explosivos no seu interior. Cumprem, simultaneamente, o papel de minas e de bombas de fragmentação. Rebentam quando o incauto, em regra uma criança, inadvertidamente lhes toca, espalhando fragmentos num raio de 200 metros. "E o que é mais chocante e totalmente imoral, é que 90 por cento dessas bombas foram lançadas nos últimos três dias do conflito, quando sabíamos que uma resolução ia ser adoptada, quando sabíamos que havia um fim à vista", indigna-se Jan Egeland, o secretário das Nações Unidas para a ajuda humanitária. A notícia referida dava conta que, "desde 14 Agosto, 13 pessoas morreram e 52 outras ficaram feridas por causa da explosão desses engenhos".

Recordo uma reportagem televisiva onde um militar israelita, com um míssil de fragmentação de médio porte enviado pelo *Hezbollah*, descrevia os seus efeitos e muito justamente se escandalizava com o uso de tal tipo de material. Os xiitas enviaram alguns. Poucos. Não por caridade, "mas porque o objectivo do *Hezbollah* é garantir a sua capacidade de ameaçar Israel depois deste *round*. Prefere guardar os seus mísseis de maior alcance como ameaça velada"[168]. Seja como for, o militar mostrava um engenho que, por defeito, não explodira. Não é disso que trata a notícia do *Le Monde*. Telavive adubou as aldeias, as vilas e respectivas periferias rurais com engenhos que prolongam a guerra para lá do seu tempo de vida. Essa morte em diferido não visa os "terroristas", que as sabem distinguir, mas a população civil inadvertida. Não é normal. É um miserável e premeditado crime. Pior ainda, é crime repetido e agravado. Quando o *Tsahal* retirou, em Maio de 2000, também minou a terra abandonada. Só em meados de Outubro de 2006, os israelitas começaram a entregar às Nações Unidas as cartas das minagens de então...

---

[168] Análise de Anshel Pfeffer, no *Jerusalém Post*, jornal conservador.

Israel também se quis ver livre dos capacetes azuis e dos seus observadores. A FINUL não impedia o *Tsahal* de progredir no terreno. Não tinha como. Mas a sua missão envolvia a observação do conflito, o que limitava de algum modo a "liberdade de acção" dos comandantes militares. A 25 de Julho, combates ásperos travaram-se em redor de Rhyam. Conheço a zona, de visita obrigatória para quem se desloque ao Sul em missão política. Rhyam é vila e também um antigo forte francês que, durante a ocupação israelita, se transformou em prisão e centro de tortura. Quando o visitei, fui invadido pela memória visual do Tarrafal, mas isso não vem agora ao caso. Certo é que vila e prisão dominam, da encosta e do topo, vales de penetração militar. Estamos em pleno santuário *Hezbollah*, onde este dispõe de infraestruturas militares subterrâneas, obviamente ocultas, e *bunkers*, cujas bocas se podem ver à vista desarmada. Israel está mesmo ali ao lado. Resistência islâmica e *Tsahal* teriam que travar combate naquela zona, com ou sem observadores da ONU. Mas quatro destes estavam lá, num momento em que os artilheiros dos dois lados se travaram de razões. Morreram. Eles e mais 25 pessoas, entre civis e combatentes. Antes da tragédia, o comandante-geral da FINUL, Alain Pellegrini, avisou Israel, "por cinco ou seis vezes", das suas posições estarem a ser visadas. "Por vezes, vinha uma secretária ao telefone dizer que nenhum interlocutor estava disponível. Que quer que lhe diga, quando nos dirigimos a pessoas que não querem responder?" [169]. Parecia domingo numa repartição pública. Se Alain Pellegrini tivesse estabelecido ligação, os observadores teriam sido evacuados e a guerra prosseguiria no minuto seguinte. Telavive não lhes deu hipótese. Kofi Annan protestou duramente, revelando que o primeiro-ministro israelita lhe tinha dado garantias pessoais de que situações destas não ocorreriam. Acto contínuo, o embaixador israelita nas Nações Unidas mostrou-se "chocado", não pelos bpmbardeamentos, mas com as declarações do secretário-geral. Mais tarde, Israel apresentará desculpas pela

---

[169] Entrevista do general ao *Le Monde* de 16 de Agosto, sob o título *"La situation reste très fragile"*.

"ocorrência". Mas o recado, durante a guerra, tinha sido dado: senhores, saiam do Líbano se faz favor. Esse recado ainda se ouvia no último dia de guerra, quando 85 obuses de artilharia caíram em redor das posições da FINUL. No total, a força multinacional teve 12 baixas e 13 feridos[170].

Uma pequena história, ocorrida no mesmíssimo dia do massacre do "comboio" de Marwaheen, revela como se comportou o *Tsahal* em face das Nações Unidas. Nesse dia, a aviação destruiu silos de cereais no vale da Beckaa e, coisa estranha, principal fábrica de leite em pó, a *Liban Lait*. Porque o fez, se aí não existiam "barbudos", e a fábrica estava ligada a uma multinacional europeia? Porque o fez, se sabia que o número de refugiados iria crescer exponencialmente, e que boa parte deles seriam crianças? Porque escolheram este alvo, precisamente este, quando era público que o Líbano não nadava em fábricas de leite em pó, e o bloqueio impedia as importações e a ajuda humanitária? Maldade? Seria demasiadamente absurdo. Aquela fábrica virou objectivo militar porque detinha, desde 2002, o monopólio do abastecimento do contingente da FINUL.

"O direito à guerra não dispensa o cumprimento do direito de guerra", garante o constitucionalista Vital Moreira[171]. É sem dúvida verdade. Mas uma questão deveria preceder esta: Israel tinha direito à guerra? Richard Falk, conceituado especialista norte-americano em Direito Internacional, considera que não: "os acontecimentos nas fronteiras de Gaza e do Líbano que motivaram o desencadear da guerra por Israel não lhe davam o direito de actuar em legítima defesa, embora autorizassem Israel a defender-se com uma retaliação proporcional". O que Israel fez foi "legítima defesa punitiva", "uma política de reacção deliberadamente excessiva, que cria uma manifesta desproporção entre a violência infringida por um actor não-estatal, neste caso o *Hezzbollah*, e a resposta do actor estatal, Israel. Mais significa, em violação da Carta das Nações Unidas e do Direito

---

[170] *Idem*

[171] Coluna de Vital Moreira no *Público* de 22 de Agosto de 2006

164 | NO LABIRINTO

Internacional, que qualquer provocação violenta por um actor não-
-estatal possa ser usada como pretexto para reivindicar o direito a
fazer uma guerra total, a título de legítima defesa"[172]. O Estado-
-maior israelita não partilha desta douta opinião. Para Dan Halutz,
o bombardeamento do aeroporto de Beirute, o bloqueio marítimo e
a destruição das principais estradas de saída do país não constituem
violações do Direito Internacional. Com candura, Israel explicou que
tudo isso ficou a dever-se "à tentativa de não deixar os soldados
raptados serem levados para outro país da região"[173]. Não faz sentido.
Quando perguntaram a Z. Brzezinsky a sua opinião sobre tal eventualidade, ele foi pelo menos céptico: "o *Hezbollah* perderia o controlo
e deixaria de poder usar esses soldados com fins de chantagem. E não
estou seguro que os iranianos se interessem verdadeiramente por
esses militares"[174]. Mesmo o mais "quadrado" oficial de Estado-maior
percebe o que é óbvio. Que vantagem tiraria algum país em implicar
directamente o seu território na guerra? E porque abdicaria o
Hezbollah de um dos seus maiores trunfos numa futura negociação?

Israel atacou aeroporto e estradas, como destruiu nos dias seguintes
centrais eléctricas, refinarias, centros de abastecimento de água,
fábricas de próteses, de vidros, de peixe e até de papel higiénico. Que
ligação existiria entre estas infraestruturas e os dois desgraçados
soldados do *Tsahal*? Ou com o bombardeamento da principal central
eléctrica do Líbano, em Jiyyeh, a 25 quilómetros de Beirute que,
atingindo os reservatórios de carburante, lançou no mar 15 mil
toneladas de petróleo, provocando uma maré negra com 150
quilómetros de extensão?

Nada disto se faz por puro sadismo. A destruição teve que
obedecer a uma racionalidade político-militar – a de castigar um país
para forçar o seu governo à capitulação. O chefe do Estado-maior

---

[172] Esta opinião pode encontrar-se no seu ensaio *Assessing the United Nations after
the Lebanon War 2006*, consultável em www.transnational.org.

[173] Nota da Embaixada de Israel em Portugal, de 13 Julho de 2006

[174] *Horizons et débats express*, nº 1, de Agosto de 2006, páginas 5 e 6

israelita não disse outra coisa, quando anunciou a sua intenção de "reenviar esse país para vinte anos atrás". Cumpriu a promessa. Mas nem assim obteve a resignação esperada. Infringiu, isso sim, e por bem mais de mil vezes, os artigos 7 e 8 do estatuto de Roma do Tribunal Penal Internacional. O segundo parágrafo do artigo 8º considera crime de guerra "o emprego de armas, projécteis materiais e métodos de combate com objectivo de provocar males supérfluos ou sofrimentos inúteis, ou agir sem discriminação, em violação do Direito Internacional sobre os conflitos armados".[175]

O bombardeamento da cadeia de televisão *Al Manara*, mal começou a guerra, e de centros emissores de três outros canais privados, também constituem violações do Direito da guerra. Israel repetiu no Líbano o que a NATO fizera na guerra do Kosovo, quando bombardeou a televisão oficial sérvia. Ao contrário das outras estações atacadas, a *Al Manara* pertence ao *Hezbollah*. Perdi alguns momentos a vê-la durante os três dias da visita a Beirute. Nada entendo de árabe, mas as imagens falavam por si. Poucos programas e muitos *videoclips* mostravam a "guerra ao contrário". Combatentes hiper equipados subiam aos topos das montanhas e aí colocavam bandeiras libanesas e do *Hezbollah*; mulheres com e sem véu proferiam impropérios, presume-se que contra o agressor; carrinhas móveis com tubos de lançamento de mísseis chegam, param, disparam e desaparecem; e, finalmente, Israel transportando vítimas para os hospitais. Pergunta: pode a propaganda ser um alvo militar? "O direito internacional precisa que a propaganda, inerente a qualquer conflito, tem por fim apoiar o moral da população e não pode, por isso, ser considerada como objectivo militar", sustentam Pierre Veilletet e Robert Ménard.[176]

---

[175] Citado por Rudolph El-Kareh em *Israel sur la sellette*, publicado na *Politis* de Setembro de 2006.

[176] Veilletet e Ménard são, respectivamente, presidente e secretário-geral dos Repórteres sem Fronteiras. A frase referida é do artigo *Tsahal traite les médias en ennemis*, publicado no *Le Monde* de 5 de Agosto de 2006.

Telavive procurou, com recurso a meios muito superiores, aplicar ao Líbano a receita que "há anos prossegue contra os palestinianos: flagelar as populações e destruir infraestruturas, para forçar as autoridades políticas a isolar e combater os movimentos radicais" [177]. Cada um faz a guerra como sabe e esta é a guerra que o *Tsahal* conhece desde meados dos anos 90. "Que diabo aconteceu ao exército", interroga-se Uri Avnery, líder do bloco da Paz de Israel. A sua explicação coincide com a de Vital Moreira: "um exército que age há numerosos anos como uma força de polícia colonial contra a população palestiniana – "terroristas", mulheres e crianças – e que passa o seu tempo a correr atrás de jovens lançadores de pedras, não pode ser eficaz em combate" [178].

---

[177] Coluna de Vital Moreira no *Público* de 22 de Agosto de 2006.
[178] Artigo publicado na revista *Afrique Asie* de Setembro de 2006, páginas 16 e 17.

CASTIGO

Ao décimo dia de combates, a confusão grassa na Comunidade Internacional. O unanimismo dos primeiros dias que, a uma voz, responsabiliza *Hamas* e *Hezbollah* pela crise, começa a volatilizar-se. Para surpresa geral, a guerra não se encontrava ainda resolvida. Por outro lado, a violência do ataque israelita transforma, aos olhos da opinião pública, a vítima oficial em agressor. "Direito à auto-defesa" era uma coisa, outra, bem distinta, o que se estava a passar. É este o contexto em que Kofi Annan avança a primeira proposta de cessar-fogo. Para o comum dos mortais, já não era cedo. Mas Condoleezza Rice é de outra natureza, dedica a sua vida à "erradicação do mal" no planeta e, em consequência, veta secamente a intenção onusiana: "o cessar-fogo é uma falsa promessa se apenas for um regresso ao *status quo*".

A secretária de Estado ainda não sabia, por esses dias que, afinal, o *satus quo* nem era assim tão mau. De seis em seis meses, mais semana menos semana, o *Hezbollah* lembrava a Israel que ainda por ali andava, enquanto a força aérea de David se especializara em furar os tímpanos dos libaneses do Sul com voos rasantes e quase diários, à velocidade do som. Condoleezza Rice ainda acreditava que a "guerra de ensaio" que os israelitas tinham vendido a Washington valia a pena. Em rigor, era uma das "dores de parto do nascimento do novo Médio Oriente", como dirá uns dias mais tarde. Ao décimo dia de hostilidades, a senhora tratava a guerra com carinho.

A garantia de que nada regressaria ao *status quo* repousava, todavia, sobre três factores exógenos à vontade Washington: primo,

168 | NO LABIRINTO

que o *blitzrieg* israelita atingisse seriamente o coração político e militar do *Hezbollah*; segundo, que o governo libanês se dissociasse da Resistência e adoptasse uma atitude conciliadora; e, finalmente, que a Europa estivesse disponível para colocar no Sul do Líbano uma Força Multinacional que, dispensando o *Tsahal*, concluísse o trabalho por este iniciado – "desarmar o *Hezbollah*".

Ao fim de dez dias, as más notícias começavam a surgir. Tudo indicava que o *Hezbollah* preservava, intactos, os seus centros vitais. Comprovando a suspeita, a 23 de Julho, Washington fornece a Israel cem bombas GBU-285, de 2 toneladas cada, e com precisão guiada a laser[179]. Para agravar as coisas, os incessantes bombardeamentos uniriam os libaneses, ao invés de os dividir. A 27 de Julho, governo e resistência islâmica acordam um compromisso em sete pontos[180], que amarra os sectores árabes moderados a uma inequívoca condenação da agressão e a um cessar-fogo em condições dignas. Ao décimo dia, só a Europa acompanhava ainda a política norte-americana, recusando-se a falar em cessar-fogo[181]. Mas a 27 de Julho, dois dias

---

[179] Neste mesmo dia, G.W. Bush explicou não ver qualquer contradição entre este compromisso militar e o facto de, simultaneamente, a sua administração ter decidido enviar ajuda humanitária para o Líbano...

[180] Dos sete, os primeiros cinco pontos são os mais relevantes: Troca de prisioneiros; retirada imediata de Israel e retorno dos refugiados; entrega provisória das quintas de Chebaa à jurisdição da ONU; deslocamento da autoridade do governo a todo o território (a versão é um pouco esdrúxula, mas é mesmo assim...); reforço da FINUL ao longo da zona de conflito e para efeitos de apoio humanitário e ajuda na reconstrução.

[181] A posição europeia sobre a guerra foi decalcada da assumida sobre a ofensiva em Gaza e na Cisjordânia: libertação dos soldados sem referência à troca de prisioneiros; legitimação de Israel com base no seu direito à auto-defesa e condenação do "uso desproporcionado" da força. A excepção a este padrão veio da presidência do Parlamento Europeu que, a 20 de Julho, se pronunciou unanimemente por um cessar--fogo seguido de negociações no quadro das resoluções das Nações Unidas. O Parlamento sustentou ainda uma força de estabilização com participação europeia, a libertação dos soldados e o diálogo para a troca de prisioneiros. A presidência finlandesa, assim como a comissão, proferiram, ao longo da crise, declarações mais balanceadas do que o Conselho. O primeiro país da UE a distanciar-se do "atlantismo" foi a Espanha. O único Estado europeu que inequivocamente condenou a agressão, foi a Suíça.

depois da fracassada Conferência de Roma, até isso começou a mudar. Nesse dia, em entrevista ao *Le Monde*, Jacques Chirac pôs termo às ilusões americanas, afastando qualquer hipótese de força militar fora do quadro das Nações Unidas, e sem prévio acordo entre os beligerantes. O dois de trunfo francês cobria o às israelita. Morria o sonho de uma força no âmbito da NATO.

A meio da guerra, o "Plano A" já estava em crise. Era tão seguro que nem existia outro. Washington tomara os seus desejos por realidades. Como a Casa Branca precisava que tudo corresse bem! Era no Sul do Líbano que se jogava a sua política iraniana. A vitória na guerra tinha o valor de um ultimato sobre Teerão. Ou os *ayatolla's* capitulavam em matéria de programa nuclear, ou ficavam a saber com o que deviam contar. Washington precisava ainda de uma vitória clara no Líbano para diminuir o impacto do contínuo agravamento da situação no Iraque e no Afeganistão. Com eleições intercalares marcadas para meados de Novembro, um fiasco nesta guerra era impensável.

Deve reconhecer-se que os norte-americanos fizeram o que puderam. Na frente diplomática, estenderam para lá de todos os limites razoáveis o tempo dado a Israel. No plano político e militar, insistiram com Telavive para intensificar a guerra, mesmo em prejuízo da segurança dos seus soldados. Ehud Olmert e Amir Peretz queriam ganhar a guerra com perdas militares aceitáveis pela sociedade israelita. Isso era o mesmo que pedir sol na eira e chuva no nabal. A 1 de Agosto, o editorial do *The Wall Street Journal* sintetiza, sem rodeios, a linha oficial: "esperamos que enquanto a senhora Rice explora as opções diplomáticas, o senhor Bush explique em privado a Ehud Olmert que Israel tem de acabar o trabalho que iniciou contra o *Hezbollah*"[182]. Como se veio a verificar, era mais simples de dizer do que fazer.

---

[182] Editorial do *The Wall Street Journal*, 1 de Agosto de 2006.

Quem primeiro intuiu o fiasco foi a própria Condoleezza Rice. O tempo dado a Israel tinha que ter um limite, sob pena da posição norte-americana se tornar, de todo em todo, insustentável. Na "linha dura" dos neo-conservadores, confirmavam-se as piores suspeitas sobre a "moleza" da secretária de estado. Dois meses antes, esta clivagem assumira dimensão pública, com vários *neocons* a contestarem asperamente o facto da secretária de Estado ter passado a defender a presença directa dos EUA nas negociações sobre o nuclear iraniano.

A partir do início de Agosto, é a própria administração norte--americana que começa a apresentar sinais de divisão. Nem todos querem perceber que as guerras também se ganham e perdem nas televisões. Quando a 4 de Agosto, 28 civis libaneses são massacrados na sofrida cidade de Qanã, Israel aliena definitivamente os créditos de compreensão que ainda lhe pudessem sobrar na opinião pública. Ao contrário do troglodita John Bolton, intratável nas Nações Unidas, Condoleezza Rice deixa de acreditar em qualquer vitória rápida do seu braço armado no Levante. De mais quantos dias precisaria Israel? Quinze, trinta, quarenta e cinco?... Nenhum militar lhe podia responder. Muito menos os serviços de informação. Uma das lições desta guerra é que "os comandantes não faziam a menor ideia do sistema de defesa construído pelo *Hezbollah*". Por uma vez, a *Mossad* não dispunha de "antenas" na estrutura do inimigo e o exército actuava às cegas[183]. Nestas circunstâncias, pôr fim à aventura mini-mizando o fiasco, passou a ser o "Plano B". O primeiro sinal surge a 5 de Agosto, quando os EUA subscrevem com a França um primeiro *draft* de resolução para o Conselho de Segurança das Nações Unidas. Se a guerra travasse nos dias seguintes, o "eixo do bem" ainda podia cantar vitória.

O *draft* franco-americano era no mínimo esquisito: nele se reflectiam as prioridades dos dois subscritores, mas não a urgência libanesa, e muito menos a catástrofe palestiniana.

---

[183] Opinião de Uri Avnery, em *Afrique Asie* de Setembro de 2006, página 17.

No documento, Israel e os EUA asseguravam a continuidade do *Tsahal* no Sul do Líbano, embora este tivesse proibido de realizar "operações militares ofensivas de grande amplitude". A fórmula nem sequer era ambígua. Deixava toda a "amplitude" para a continuação da guerra. Isto era evidentemente contraditório com qualquer ideia de "fim das hostilidades", mas era o que se podia arranjar... O compromisso possível no "eixo do bem" era o da diminuição da intensidade da guerra, mantendo um estado de tensão que permitisse lançar, mais tarde, um segundo *round*. Baixar o tom das críticas à guerra, criar uma ilusão de esperança, e dar tempo ao *Tsahal* para reorganizar a estratégia, tal era a posição norte-americana.

Para a França, a prioridade era outra: queria dar a libaneses e europeus a certeza de que uma Força Multinacional só iria para o terreno depois de realizado um acordo político sobre as armas do *Hezbollah*. Numa óptica tão egoísta quanto sensata, o Eliseu queria poupar nos caixões. Com eleições a um ano de distância, qualquer outra variante seria desastrosa. Numa versão mais próxima da verdade, Paris aproveitava as dificuldades dos norte-americanos para se reposicionar e adquirir centralidade nos sistemas de alianças para o pós-guerra. O *draft* contemplava a sua visão de um processo político- -militar em três actos, onde o último era a deslocação de uma força multinacional para o terreno, e com autoridade para fazer fogo.

Se as pretensões norte-americanas e francesas ficaram no papel – nem fim imediato da guerra, nem Força Multinacional para se substituir ao *Tsahal* – o mesmo não se podia dizer das condições libanesas. Basicamente, "Paris e Washington concordam que discordam e remetem a política e o Líbano para mais tarde. Eis o que para Beirute e a Liga Árabe não é aceitável"[184].

Ao vigésimo quinto dia de guerra, Condoleezza Rice recebe um firme veto árabe à frouxa engenharia do rascunho. A Liga Árabe

---

[184] A análise do *draft* segue de perto um artigo que escrevi para o *Diário de Notícias* e que este publicou a 6 de Agosto de 2006.

percebera que o elo fraco do conflito se transferira para Washington, e não quis perder a oportunidade de uma compensação a Beirute. Secretamente, Paris sorriu. Para desgosto do presidente norte--americano, mal o veto árabe chegou, o Eliseu admitiu a necessidade de mexer no papel para "levar em conta todas as opiniões" [185]. Entre o *draft* e a Resolução 1701, de 11 de Agosto, as diferenças não são de pormenor. Mas o que as decidiu, mais do que a diplomacia, foi a evolução da situação militar no terreno.

"Ao fim da primeira semana, o *Hezbollah* enviava cerca de 90 *rockets* por dia sobre Israel. Um mês mais tarde, apesar das 8 mil e 700 saídas efectuadas pelas forças armadas de Israel (...) colocou a sua média quotidiana de tiros de *rockets* em 169. E os dois soldados que eram a razão afixada para toda esta agitação continuam sem regressar a casa", constatava John Le Carré, a 7 de Agosto, em artigo--manifesto na primeira página do *Le Monde*. Do ponto de vista de Israel, a guerra revelava-se tão estúpida quanto inútil.

Claro que a avaliação de Ehud Olmert, no dia seguinte ao fim das hostilidades, foi bem diferente: "não há mais Estado dentro do Estado. Não há mais organização terrorista autorizada a operar a partir do Líbano, esse longo braço do eixo do mal que se estende de Teerão a Damasco, explorando a fraqueza do Líbano". Quem tem razão? O pós-guerra nos dois países fala por si. Em Israel lambem--se as feridas, no Líbano disputa-se o futuro. Ninguém esperava tal resultado. Nem mesmo Hassan Nasrallah que, vá-se lá imaginar porquê, até encontrou "mão divina" no assunto... Mas vamos por partes.

Tanto Israel como a resistência islâmica estavam preparados para a guerra. Um lado procurava-a, o outro esperava-a. A disposição

---

[185] Declaração do embaixador francês nas Nações Unidas, Philippe Douste-Blazy, a 7 de Agosto

determinava a diferença de objectivos. Ao primeiro competia a iniciativa do ataque, ao segundo a defesa. Para esta, tudo se resumia numa palavra: resistir. Aguentar firme bastava para derrotar os objectivos do adversário e, em consequência, vencer a guerra. Do outro lado, a confusão começou no objectivo. O primeiro era a fingir: libertar os dois soldados. Telavive, melhor do que ninguém, sabia que só negociações os trariam de volta. A partir daí foi o caos. Entre "destruir o *Hezbollah*", "afectar a sua capacidade militar", "criar uma zona de segurança que impeça o lançamento de *katiuschas*", "matar Nasrallah" ou "fazer regredir o Líbano em 20 anos", de tudo houve, ao sabor da boca que falava no momento. Israel detinha a iniciativa, mas exactamente para quê? Quem se mete numa guerra sem clareza de objectivos ou é estúpido ou incompetente. O resultado do conflito acabou por ser lido em função de dois dos objectivos maximalistas enunciados: destruir ou, pelo menos, desarmar o *Hezbollah*. Deste ponto de vista, a derrota de Telavive é completa e inapelável. "Na história de Israel esta é a primeira vez que existe um sabor amargo e um cheiro a derrota", escreveu Luís Delgado no *Diário de Notícias* alguns dias após o fim das hostilidades.

A adequação entre objectivos e meios também distinguiu os adversários. A Resistência tinha que demonstrar recursos susceptíveis de dilatarem a guerra bem para lá do tempo politicamente suportável por Telavive. Do lado libanês, o conflito militar foi dirigido pela política do primeiro ao último minuto. Quando Hassan Nasrallah, no terceiro dia de guerra, anuncia que "a partir de agora, as nossas casas não serão as únicas a serem destruídas e as nossas crianças as únicas a morrer", e dá ordem de fogo sobre um vaso de guerra israelita estacionado ao largo de Beirute, estabeleceu o padrão que iria determinar o seu comportamento táctico: reagir graduadamente em função da pressão colocada pelo adversário. A 3 de Agosto, o gradualismo mantém-se, ante a ameaça de uma nova escalada na guerra, quando as bombas da aviação israelita começaram a atingir bairros vizinhos do centro de Beirute. Hassan Nasrallah ameaça pela primeira vez a cidade de Telavive, se Israel atingir o centro da capital, acrescentando imediatamente a seguir: "Se pararem os vossos ataques sobre as nossas cidades, aldeias e infraestruturas, não lançaremos mais nenhum *rocket* sobre as implantações ou cidades israelitas. Preferimos, em caso de afrontamentos, combater soldado contra soldado, no campo de batalha" [186].

A resistência dispunha de duas plataformas militares: o lançamento de *katiuschas* e o combate de proximidade. Este era, em termos militares, o decisivo. Mas competia aos primeiros um papel simbólico em nada desprezível. O número de lançamentos media a capacidade da própria resistência. Não por acaso, esse é o indicador utilizado por John Le Carré. Com os *katiushas*, a resistência islâmica violou o Direito da guerra. O direito à defesa não inclui ataques a alvos civis. Nem muitos, nem poucos. Mas não foi este o capítulo em que ela se revelou mais eficaz. Nem podia, mesmo que quisesse. Os *katiushas*, com alcance máximo de 40 quilómetros, não tem qualquer precisão a partir de metade dessa distância. Segundo as estatísticas oficiais de Telavive, em 34 dias de guerra, só 901 dos 3.970 engenhos lançados para Israel atingiram zonas urbanas... [187]. Ehud Olmert, ao invés de Hassan Nasrallah, entregou aos militares a direcção da política através da guerra. O momento mais patético desta irresponsabilidade ocorreu a 9 de Agosto, dois dias antes do Conselho de Segurança aprovar o fim das hostilidades. Nessa manhã, o governo israelita deu mais trinta

---

[186] Declarações proferidas na *Al Manara* e traduzidas do árabe, incluídas no relatório da Amnistia Internacional sobre o *Hezbollah*, de 14 de Setembro. A frase do líder xiita.

[187] O que não impediu Aaron Ram, embaixador israelita em Lisboa, de escrever, a 25 de Agosto no *Público*, que "durante o bombardeamento maciço e impiedoso do *Hezbollah* contra a população civil de Israel, seis mil casas foram destruídas". O estimável diplomata atribuiu assim a cada *katiusha* um poder de destruição, no mínimo, de proporções bíblicas. Melhor do que o embaixador, só as estimativas do ministério da construção e alojamento de Israel, que descobriu estragos em pelo menos 12 mil edificados. No artigo referido, Aaron Ram "provou" ainda que Israel teve mais vítimas do que o Líbano... embora com a preciosa ajuda da inclusão das consultas de foro psiquiátrico nas estatísticas de ferimentos.

dias ao *Tsahal*, o tempo que o Estado-maior lhe pedira. Como pressão era risível, porque Condoleezza Rice já tinha tomado a sua decisão. Em termos de opinião pública, representava uma confissão antecipada de fracasso. Acto contínuo, é nesse mesmo dia que o líder xiita anuncia o seu apoio à decisão que o governo libanês tomara dois dias antes – a de fazer avançar para Sul 15 mil homens do exército regular, mal se concretizasse o cessar-fogo. Enquanto em Telavive os políticos procuravam desesperadamente o segundo fôlego da guerra, o *Hezbollah* oferecia às Nações Unidas a chave para a solução negociada do fim do conflito. Os dois factos ocorrem no dia em que o negociador norte-americano se encontrou, em Beirute, com um dos ministros da resistência islâmica...

O debate sobre o que correu mal ocupa ainda a agenda política de Israel. Jorge Almeida Fernandes procedeu a um levantamento das opiniões expressas a "quente" por militares, analistas e comentadores políticos [188]. Ainda o ministro da defesa sonhava com "segundo *round*" e a discussão já abalava as convicções estratégicas adquiridas pelo *establishment* militar: dos limites do poder persuasivo da guerra aérea, à falência da invencibilidade dos carros de combate de Israel, passando pelo fracasso da "doutrina da alavanca", segundo a qual a violência aplicada sobre o adversário o convenceria da inutilidade do seu recurso a ela, tudo foi posto em causa. Mesmo Dan Halutz acabou por vir a terreiro reconhecendo "faltas nos diversos domínios" da guerra, "designadamente ao nível logístico, operacional e de comando". É caso para perguntar: o que falta?...

Nos últimos dez dias de guerra, à incerteza de objectivos somou--se o excesso de meios sem tino. Os recursos colocados no terreno foram os de uma invasão, mas Telavive não queria ocupar de novo o Líbano. Tinha-se dado mal uma vez e dispensava nova dose.

---

[188] Israel analisa-se, *Público* de 20 de Agosto de 2006

A intensiva mobilização de efectivos e reservistas e o delírio de fogo dos três últimos dias transformaram-se, assim, numa operação mediática destinada a salvar a face da derrota.

Uma guerra que opõe um exército regular a uma resistência popular pode ser ganha no terreno. Mas demora tempo, expõe as tropas e é sempre provisória, porque não evita que tudo recomece depois de consumada a primeira ocupação. Esta a equação que Israel nunca conseguiu resolver. Preferiu subestimar o adversário e desvalorizar a política.

Subestimou o adversário: protegidos pelas redes de túneis subterrâneos, bem equipados e com reservas inesgotáveis de ânimo, os defensores escolhiam o momento e o lugar para entrarem em contacto com o inimigo. A resistência liquidou muitos mais soldados, 116, e carros de combate (entre 20 e 137 segundo as fontes) do que civis. Fê-lo sem se expor desnecessariamente. Em 2005, visitei várias áreas próximas da fronteira sul. Naquela acidentada geografia, ataques com carros de combate são uma prenda para os defensores. Os *Markava*, uma das "maravilhas" que Israel exporta para o mundo com chancela de invencibilidade, por causa do seu revestimento com urânio empobrecido, foram, afinal, vulneráveis aos RPG-29 russos, mísseis anti-tanque do início dos anos 90, e que se transportam e disparam ao ombro. Neste tipo de guerra, a entrada das tropas numa vila também não garante a conquista. A Resistência colocou o Estado--maior israelita ante a opção de forçar as posições aumentando as perdas, ou entrar numa dança de paciência com avanços e recuos alternados com fogo de artilharia. Eis porque num dia se anunciava a tomada desta ou daquela localidade... e no seguinte tudo recomeçava. Uma das mais persistentes críticas dos israelitas ao seu exército é a que incide no "desprezo pelo adversário". O chefe da infantaria, Yossi Hyman, classificá-la-ia mesmo de "pecado da vaidade".

Telavive também desvalorizou a política tal qual ela hoje se faz: já não há conflitos sem televisão. O écran é um dado da guerra moderna. Devo dizer que, mal por mal, ainda bem. Para o agressor, a televisão acaba sempre por se transformar num obstáculo. Por muita manipulação que se faça – a comunicação e a imagem são, em si mesmos, palcos do próprio combate – dificilmente se engana a realidade de uma agressão por muito tempo. Antes da televisão, tudo se permitia aos guerreiros. A "doutrina da alavanca" que Israel advoga é muito antiga, milenar, e os cemitérios comprovam a sua eficácia. O problema é que se dá mal com a televisão. O contraste brutal entre as imagens da guerra e os valores de que esta se reclama é inevitável. O massacre e a exibição bruta do poder de fogo, mais do que deslocar as simpatias para a parte fraca, revelam a contradição entre as palavras e os actos. Na guerra antiga, um embaixador bem podia vituperar a violência de um agressor num aerópago internacional, que isso em nada afectava o sistema de alianças do conflito. Na guerra moderna, os governos perderam a imunidade ante esse estranho intruso que dá pelo nome de "opinião pública" e que, ainda por cima, se afirma em tempo real.

Os *media* exerceram, desde o início do conflito, um papel moderador[189]. Mesmo quando tomam partido, a guerra como revelação é insuportável até ao momento em que se banaliza. As novas tecnologias da informação diminuem drasticamente o tempo de vida útil de uma agressão. É verdade que, passado o primeiro impacto, sobrevém um "tempo lento", o da banalização da ocupação. Mas em ambos os casos, o pequeno écran deixa marcas políticas profundas. O Estado-maior de Israel não avaliou devidamente o peso das imagens do seu poder destruidor. Nem o efeito comparado entre as capacidades bélicas dos dois lados.

Um dos paradoxos desta guerra é que os papéis tradicionais jogados por árabes e israelitas se inverteram. Quem pareceu de um "tempo antigo" foram os "modernos" de Israel. O mesmo se passou

---

[189] É justo destacar a excelente cobertura televisiva e radiofónica da grande maioria dos repórteres portugueses enviados para o terreno do conflito. Sem desprimor para os jornalistas que ficaram do lado da fronteira israelita, o elogio é, em particular, dirigido à bravura e profissionalismo dos que se fizeram à estrada e se dirigiram de Beirute para o Sul do Líbano.

no plano da diplomacia. Todos os relatos das primeiras guerras entre Israel e os árabes coincidem na ideia de que estes eram aflitivamente ingénuos e gongóricos nos fóruns internacionais. Mas os anos passaram. Uns aprenderam, outros parecem ter regredido. Os libaneses tiveram uma melhor percepção do papel da diplomacia num tempo de "guerra moderna". Lutaram por um cessar-fogo digno quando este se encontrava fora do horizonte. Sabiam que a resistência militar jogava em seu favor. Intuíram e anteciparam a divisão na administração norte-americana melhor do que os seus adversários que, com aquela, eram "unha e carne". Por fim, souberam dizer Não a um mau compromisso, quando o tempo já estava do seu lado e era evidente a capacidade militar defensiva do *Hezbollah*. Fino. Tirando umas lágrimas a mais no rosto de Fouad Siniora, os libaneses souberam fazer as coisas.

Já Telavive se comportou, do primeiro ao último minuto, como elefante em loja de porcelanas. Avançou para a guerra quando dela não precisava; submeteu a diplomacia à lógica implacável dos militares e, com isso, não percebeu que se isolava; sobranceira, umbigo do mundo, subestimou os problemas de tempo do seu protector; e quando chegou à diplomacia já era tarde. Apetece dizer "bem feito", mas uma tal colecção de erros e asneiras não pode ser fruto do acaso, nem redutível a uma medíocre liderança conjuntural. Qualquer coisa de mais grave e profundo se está a passar com Israel. Como se o seu processo de mutação genética, para além de descaracterizar a promessa fundadora, indicie um principio de regressão civilizacional capaz de atingir os seus próprios centros de decisão política e militar.

Exactamente trinta dias após o início do conflito, o Conselho de Segurança das Nações Unidas aprovou a Resolução 1701. Pela primeira vez na história diplomática um "cessar-fogo" precede um "fim das hostilidades"... Do mal o menos, dirá quem se bateu por uma paz que chegou tarde e atabalhoada. Na introdução ao debate, Kofi Annan acentuou a questão do tempo: "Faltaria aos meus deveres se não dissesse a que ponto estou decepcionado por constatar que o Conselho não conseguiu chegar a esta etapa bem mais cedo, e estou convencido que essa decepção e frustração são partilhadas por centenas de milhões de pessoas pelo mundo" [190].

O velho ditado português "mais vale tarde do que nunca" aplica-se como uma luva à Resolução 1701. Mas nem por isso a responsabilidade pelo atraso deve ser absolvida. O Conselho de Segurança precisou de 30 dias para chegar a um texto, porque o agressor nunca quis uma Resolução de cessar-fogo antes de ganhar a guerra. Foi forçado à primeira porque não conseguiu resultados na segunda.

Um segundo atraso deve ser imputado ao próprio processo de negociação final, em si mesmo, um verdadeiro campo de batalha. A Resolução 1701 é um compromisso a cinco, envolvendo os dois beligerantes, a Liga Árabe em representação do Líbano, e os dois subscritores (EUA e França). Reflecte, por isso, os interesses de todas as partes, no exacto momento em que foi aprovada, e à luz da realidade no terreno.

Em comparação com o *draft* da semana anterior, muda quase tudo. A posição norte-americana e israelita não era a de um cessar-fogo. Ambos queriam que as tropas israelitas só abandonassem posições com a chegada ao terreno de uma Força Multinacional colocada ao abrigo do capítulo VII da carta das Nações Unidas. Como a posição francesa só admitia tal corpo após um acordo político que garantisse o prévio desarmamento do *Hezbollah*, o *draft* era inaceitável para os libaneses. Sob pressão diária dos noticiários de guerra, e confrontados com o veto árabe, franceses e norte-americanos tiveram que incluir o Líbano no filme. Este queria, em primeiro lugar, um verdadeiro cessar-fogo. Por outras palavras, o fim das operações

---

[190] O texto integral da resolução 1701, bem como as intervenções proferidas na reunião do Conselho de Segurança de 11 de Agosto podem ser consultadas em www.un.org. Todas as citações entre aspas que transcrevem partes da Resolução, bem como intervenções realizadas na reunião do Conselho de dia 11 de Agosto são retiradas das actas.

militares, a retirada imediata de Israel e o reforço da FINUL, prevenindo tanto quanto possível a eventualidade desta se poder transformar numa futura força de ocupação. Em troca, Beirute oferecia à comunidade internacional o fim da delegação das suas funções defensivas na Resistência. E, obviamente, prescindia de colocar condições que, podendo ser justas, inviabilizariam qualquer acordo. Por exemplo, o Líbano nunca falou em indemnizações de guerra nem insistiu numa condenação formal da agressão.

O pacote libanês levou a França a deixar cair a sua ideia de processo faseado. Mas só podia aceitar o imediato e substancial reforço da FINUL, desde que a missão da força se situasse no prolongamento da missão que lhe fora atribuída em 1978. Sem prévio desarmamento do *Hezbollah*, Paris só admitia uma filosofia de interposição que pudesse dificultar uma nova guerra. Os libaneses também não queriam outra coisa: essa era a base de entendimento entre Siniora e Nasrallah.

A bola passou para o campo israelo-norte-americano. Condoleezza Rice percebeu que não podia manter o compromisso híbrido de sete dias atrás. O cessar-fogo era inevitável, desde que não lhe dessem tal nome. O problema era de manter alguma coerência no recuo. A Secretária-de-Estado tinha que provar que a Resolução 1701 "não repunha o *status quo*". Não por acaso, foi ela própria quem representou Washington na reunião do Conselho. O seu argumento incidiu em dois tópicos: a FINUL reforçada "não é em caso algum a mesma força" e "as forças armadas libanesas deslocar-se-ão para o Sul para garantir que o *Hezbollah* não comprometa a estabilidade". Durante a semana, a administração norte-americana teve tanto trabalho a esticar a Resolução para o seu lado, como a convencer o seu aliado de que as cartas estavam lançadas e que o tempo se havia esgotado.

Quanto a Telavive, procurou até ao fim manter viva a variante "híbrida" do *draft* de 5 de Agosto. Impôs um diferimento temporal de três dias entre a Resolução e o fim das hostilidades. Durante essas 72 horas, as piores de toda a guerra, o *Tsahal* não se vingou apenas da derrota política; tentou ainda desesperadamente ganhar suficientes posições militares que deixassem em aberto o horizonte de uma solução militar para o conflito. Falhou. Numa só operação, perdeu 24 soldados. Quatro dias depois do fim da guerra, o *Tsahal* ainda não estava convencido. Executou nova operação de comandos no vale da Bekaa, que lhe correu igualmente mal. No fundo, tentou enredar o *Hezbollah* numa lógica de retaliação que lhe abrisse, de novo, as portas da escalada. O mais grave exemplo desta linha de "nem guerra nem paz" foi a manutenção do bloqueio ao Líbano ainda por três semanas. O Estado-maior israelita nunca soube perder. Mas, sem a cobertura de Washington, não pôde usufruir dos 30 dias que o seu governo de Olmert lhe dera.

O *Hezbollah* jogou na prudência. Um "fim de hostilidades" que fosse um efectivo cessar-fogo, representava uma vitória tanto mais extraordinária, quanto surpreendente. Hassan Nasrallah cobrou na guerra os frutos de um lento e persistente investimento nas alianças externas e internas que fizera. O seu verdadeiro problema incidia na missão da FINUL reforçada. Por razões distintas, o seu interesse coincidia com os de Siniora e de Chirac. A Resolução consagrou o que, para si, era decisivo: a FINUL "acompanha e apoia a deslocação do exército libanês para Sul" e "actua a seu pedido" em todas as acções de natureza militar. Esta era uma base mais do que razoável para a resistência islâmica. Essencial, era, também que entre as atribuições da força se não incluísse o desarmamento da Resistência. Também aqui ganhou. O próprio Kofi Annan reafirmou explicitamente isso mesmo uns dias mais tarde, quando definiu as armas do *Hezbollah* como "um assunto entre libaneses".

Na óptica libanesa, a Resolução 1701 tem que ser lida em conjunto com o acordo realizado entretanto no interior do próprio governo de Beirute. O líder xiita amarrou o ponto crítico da Resolução também no plano interno. Quando o governo discutiu os objectivos do exército libanês na sua deslocação para Sul, ficou claro que o desarmamento da Resistência não fazia parte da missão, e que esta não incluía "a espionagem da Resistência, nem buscas à procura de depósitos de armas". Em troca, Nasrallah prometeu a Siniora lealdade no "ador-mecimento" da Resistência a Sul do rio Litani... e que o exército poderia ficar com as armas que descobrisse. Para o líder xiita, o novo quadro não lhe é estranho: "antes de 12 de Julho existia a Norte do Litani um exército e um Estado libanês que estendiam a sua soberania em todos os domínios. A Resistência estava também presente, mas de forma implícita. Teremos a partir de agora a mesma situação a Sul do Litani". Na opinião do principal vencedor da guerra de Agosto, o resultado da Resolução 1701 é satisfatório: "Salvo nova Resolução das Nações Unidas, não há qualquer problema", conclui[191].

A leitura de documentos de compromisso é sempre complexa, porque envolve texto e contexto. Quem se agarre estritamente à letra, dificilmente pode defender a Resolução. Poucas revelam como esta, as virtudes e os limites da ONU. Numa mão, é justo reconhecer que, embora com atraso, obteve o resultado a que se propunha – impor o fim da guerra. Na outra mão, mostrou como a instituição colapsa sempre que uma grande potência vê os seus interesses postos em causa. Com efeito, os EUA sequestraram a ONU durante semanas, impedindo-a de decidir. E só acabou por o fazer porque foi a resistência de um povo que obrigou à Paz. Não devia ser assim. Muito sofrimento se teria evitado se a ONU cumprisse, em tempo útil, os objectivos para que foi criada.

Pode também dizer-se que, devido ao contexto, a Resolução escreveu direito, mas por linhas tortas. Apela ao "fim das hostilidades" quando na realidade é um "cessar-fogo". O "fim das hostilidades" é remetido para um acordo de "cessar-fogo permanente" e "uma solução a longo prazo" a acertar pelos dois Estados, o que, obviamente, não está para breve[192]. Compreende-se o jogo de palavras e mesmo a salomónica decisão. Em nome das boas intenções até se desculpa. Mas a "diplomacia imaginativa" deveria ter limites...

---

[191] Hassan Nasrallah em *As Safir*, entrevista referenciada na nota 139.
[192] Expressões usadas pela Resolução 1701, no seu parágrafo 8

A Resolução coloca ainda uma questão de ordem mais geral, sobre o nexo entre justiça e resultados. Se estes foram alcançados e o seu desenho reflecte indiscutivelmente as intenções que o agredido colocou como condições para um cessar-fogo com dignidade, o mesmo se não pode dizer das letras que os garantiram. Richard Falk tem razão quando critica o texto por ele ser "em muitos aspectos favorável ao país que, por um lado, aumentou exponencial e erradamente um incidente de fronteira; e por outro lado, levou a cabo operações maciças contra alvos civis em flagrante violação do direito de guerra"[193]. Nos considerandos, por exemplo, atribui-se ao sequestro dos dois soldados a responsabilidade pela crise criada. O pretexto transforma-se em causa. No primeiro ponto decisório, a Resolução encontra uma tortuosa fórmula que acentua a intenção de confundir agredido e agressor. Com efeito, o "fim das hostilidades" funda-se no "cessar imediato de todos os ataques" pelo *Hezbollah* e de "todas as ofensivas militares" por Israel... Mais especioso não se poderia ser. Certo, a formula é bem menos desequilibrada do que a do *draft* que a precedeu. E é verdade que proíbe, para todos os efeitos, qualquer ataque de ambas as partes, a condição necessária de um cessar-fogo. Mas depois de tudo o que aconteceu, lá que dá a volta ao estômago, dá.

Finalmente, a Resolução 1701 contém uma ambiguidade que a transformará num permanente terreno de disputa interpretativa. O terceiro ponto decisório é taxativo: a "extensão da autoridade do governo libanês a todo o território" destina-se a garantir que, a Sul do Litani, "nenhuma arma aí se encontre *sem o seu consentimento* (sublinhado nosso) e que nenhuma autoridade aí se exerça para além da do governo libanês". Esta formulação é inteiramente compatível com as condições do acordo intra-libanês acima referido. O ponto onze, relativo à FINUL, também clarifica o papel auxiliar e subordinado da força internacional face à autoridade estatal libanesa. Não

---

[193] Em *Assessing the United Nations after the Lebanon war*, consultável em www. transnational.org.

existe, também aqui, qualquer ambiguidade. Mas há sempre um pequeno "mas". Uma das quatro missões atribuídas à FINUL visa "ajudar as forças armadas libanesas a tomar medidas tendo em vista o estabelecimento da zona mencionada no parágrafo 8". Esta é a zona ao Sul do rio Litani, onde Israel não quer que existam armas do *Hezbollah*. Tal como está escrita, esta missão da FINUL remete para a tal "solução de longo prazo" que o Líbano e Israel, Estados sem relações diplomáticas entre si, deverão um dia acordar. A interpretação acertada para o articulado é o de que esta específica missão só entrará em execução, a pedido do governo libanês e quando o tal "cessar-fogo permanente" for acordado entre as duas partes. Mas, como é óbvio, a formulação mantém em aberto um ponto de fricção, destinado a pressionar o Líbano enquanto este não resolver a questão das armas do *Hezbollah*.

O segundo terreno de disputa relaciona-se com as "regras de procedimento" da FINUL, que não foram definidas pela Resolução. Até hoje, a força internacional não podia usar "força letal" a não ser em legítima defesa. Mas em Nova Iorque inventou-se, entretanto, o conceito de "auto-defesa preventiva". Os militares franceses justificam-no à luz das experiências amargas na ex-Jugoslávia, onde capacetes azuis tiveram que assistir a matanças sem poderem mexer um dedo, ou foram sequestrados por não se poderem defender. Qualificada de "mínima e proporcionada", a "auto-defesa preventiva" está prevista para situações de risco de segurança própria e protecção a civis. Mas abre enorme latitude interpretativa quando admite o seu uso "para impedir ou eliminar actividades hostis, incluindo o tráfico ilegal de armas, munições e explosivos na área de responsabilidade da FINUL". Enquanto tudo correr bem, não haverá problemas. Mas se a situação interna se deteriorar, esta latitude pode abrir campo a conflitos de competência entre o exército libanês e a FINUL.

Aqui chegado, o leitor(a) tem duas hipóteses: ou rejeita a Resolução porque ela fere o seu sentido de justiça; ou a apoia criticamente, porque o seu sentido de justiça se centra sobre o resultado. Não é segredo para ningém a minha preferência pela segunda opção.

Nas condições concretas existentes, não se vê como o fim da agressão, a recondução do conflito à política, e o tempo de que o Líbano precisa para resolver os seus problemas internos, pudessem dispensar o reforço da FINUL no terreno. A ausência desta força multinacional seria um convite deliberado a Israel. Com a FINUL, as coisas ainda podem correr mal, e de muitos modos. Mas, para já, a sua presença constitui um obstáculo real a uma nova guerra.

PÓS-GUERRA

Mês e meio passou pelo fim da guerra.

Não são ainda nítidas as novas linhas de força. Aparentemente tudo voltou ao seu lugar, ou seja, aos problemas por resolver e aos jogos de poder e influência que garantem a persistência dos primeiros. O tão odiado *status quo* que Condoleezza Rice queria alterar, aí está de novo, na sua dolorosa cegueira. Mas já não está no mesmo sítio, isso é certo. Deslocou-se, sem ter encontrado ainda o seu novo equilíbrio.

Estas linhas finais isentam-se de qualquer exercício de antecipação. No Médio Oriente, indagar os sinais é quase uma forma de adivinhação. A imprevisibilidade dos protagonistas torna vã qualquer leitura estritamente guiada por critérios de lógica. Mas um exercício, mesmo que telegráfico, das tendências do pós-guerra, se impõe.

O Líbano, em primeiro lugar. O "fim das hostilidades" transformou-se num cessar-fogo de facto. É precário, mas tem condições para ser durável. Israel acabou por abandonar o bloqueio sob pressão internacional. O *Tsahal* também recuou, mais cedo do que previra, para as fronteiras do seu país. Para a retirada, foi decisiva a pressão de um povo que teve a sabedoria e a coragem de não esperar para ver como seria. Vinte e quatro horas depois do prazo fixado pelas Nações Unidas, fez-se à estrada e criou a situação de facto que impôs a Paz. Chapéu! O povo do Sul colocou sobre a Comunidade Internacional uma enorme responsabilidade – a de acelerar o reforço do contigente da FINUL. Foi uma história atribulada, esta. A França, que jogara em Nova Iorque um papel decisivo, queria agora garantias.

188 | NO LABIRINTO

Exigia companhia e uma melhor definição sobre as regras no terreno. A companhia obteve-a, no fim do mês de Agosto, dos governos europeus e turco. Melhor assim. Se os 25 não se tivessem posto de acordo, o fracasso europeu teria sido completo, e o que hoje se estaria a discutir em Bruxelas era a formação de um exército europeu. O compromisso adiou essa recorrente e venenosa discussão. Regressará mais tarde, mas não com o argumento de um *flop* no Líbano.

No terreno, a situação militar evolui positivamente. As forças armadas libanesas tomaram as posições israelitas e foram acolhidas com agrado pela população. Não há sinais de que estejam a extravasar funções. A FINUL, com algum atraso, também se posiciona. Um repórter do *Le Monde* no Sul do Líbano confirma a vigência prática do sistema de acordos já referido. Diz Charles Chikhani, comandante da 10ª brigada libanesa: "se vir armas, apreendo-as. Mas não tenho qualquer contacto com o *Hezbollah*, disso quem se encarrega são os oficiais de informações". Acrescenta o comandante geral da FINUL, general Alain Pellegrini: "o desarmamento do *Hezbollah* é um assunto libano-libanês que deve ser resolvido internamente. Não é das atribuições da FINUL" [194]. Todas as notícias dão conta deste padrão. Ele pode vir a alterar-se. Mas é pouco crível que ocorra por factores externos ao Líbano.

Israel continua a fazer violações de fronteira por via aérea. Várias por dia. Mas não é provável que passe daí durante um bom período. É evidente que a presença de 15 mil capacetes azuis e de outros tantos soldados libaneses pode ser varrida do mapa em poucos dias. Ao contrário da Resistência, as tropas regulares vêm-se... Mas não é possível a Israel desencadear tal operação sem custos políticos fatais. Nem lhe é possível atacar o exército libanês sem atingir colateralmente a FINUL. Telavive tem, de momento, demasiados problemas internos para pensar em segundos *rounds*. A sua principal derrota foi de

---

[194] *Le Monde* de 20 de Setembro de 2006, artigo de Laurent Zecchini, *Au Liban sud, les casques bleues se déploient dans une région où le Hezbollah n'a pas desarmé.*

natureza simbólica. Na guerra de verão quebraram-se dois mitos – o da confiança cega do povo israelita no exército e o da invencibilidade do *Tsahal* nas cabeças árabes. Numa sociedade militarizada, vai levar tempo a digerir. Antes de qualquer nova aventura no Líbano, cairão governos.

O elo fraco do Líbano é o próprio Líbano. É por dentro que tudo pode quebrar. A unidade nacional encontrada durante a guerra conduziria, em circunstâncias normais, ao alargamento do actual governo. A situação de emergência em que o país vive, apenas reforça a recomendação. O Líbano tem três grandes partidos, o de Michel Aoun, o de Saad Hariri e o de Hassan Nasrallah. Destes, o primeiro está ausente do governo. O que seria normal em qualquer democracia europeia – a formação de governos de maioria – é "anormal" no país dos cedros. A "anomalia" agrava os factores de tensão interna. Enquanto o maior partido cristão estiver de fora, a tendência é para conduzir uma oposição áspera ao governo com a cumplicidade da aliança xiita. Esta fractura não diminui as tensões. Enquanto durar, não se registarão passos em frente na discussão das armas da resistência islâmica. E a tentação de compensar na frente externa a crise de legitimidade interna, pode conduzir a maioria governamental para uma lógica de consequências imprevisíveis. Paradoxalmente, é a Arábia Saudita quem pode desbloquear o impasse. Se a monarquia petrolífera decidir jogar no Líbano com independência face a Washington, os seus argumentos são mais do que suficientes para convencer os seus aliados em Beirute a abrirem mão do monopólio do poder. Os próximos seis a oito meses decidirão se o Líbano se afirma como nação e encontra um novo ponto de equilíbrio, ou se, pelo contrário, se deixa envenenar pela maldição que o persegue.

Em segundo lugar, a Palestina. A Resolução 1701 tratou do Líbano, mas não do conflito israelo-palestiniano. Em teoria, o resultado da guerra abria condições políticas únicas para o fim do bloqueio e a paragem da ofensiva israelita nos territórios. Mas só em teoria. Sob o impacto dos resultados da guerra, quer Washington quer Telavive concentraram-se na Palestina, em busca de compensação por um verão que se lhes revelou particularmente ingrato.

Para G.W. Bush, a guerra de verão foi a oportunidade perdida de um glorioso outono militar. Mas isso, agora, é passado. Uma vez a guerra acabada, o Líbano não passa de mais um papel na montanha de problemas que o presidente cuidadosamente cultiva em cima da sua secretária. O pesadelo de G.W. Bush é global. A publicação parcial de um relatório dos serviços de informação norte-americanos – o *National Intelligence Estimate*, de 26 de Setembro – preocupa-o bem mais do que uma guerra para esquecer. Este documento, vindo a lume a menos de dois meses das eleições intercalares norte-americanas, apresenta um balanço sombrio da estratégia de "guerra ao terrorismo". O relatório refere que o terrorismo fundamentalista se reforçou e desmultiplicou, ao invés de ter sido derrotado. Assinala que esse reforço incide, muito particularmente, nos países onde os EUA decidiram intervir militarmente. O relatório considera que a situação se agrava de dia para dia em todos os teatros de operações. Esta percepção generaliza-se igualmente na opinião pública. Por causa da guerra, os republicanos podem perder a maioria na câmara dos representantes. Mesmo o Senado está tremido. Engana-se quem pense que os democratas queiram inverter a política da Casa Branca. Eles são, como alguém ironizava, uma espécie de ala esquerda do CDS lá do sítio. Mas, principalmente, os EUA são um país em guerra na casa dos outros. A Casa Branca não quer depender da boa vontade dos seus adversários políticos. E estes, num cenário de derrota republicana, serão inevitavelmente muito pressionados pelo movimento de Paz que não deixará de aproveitar a fragilidade do novo quadro político para exigir, com renovado vigor, o regresso dos soldados.

É neste contexto adverso que a Casa Branca vem procurando redesenhar o seu sistema de alianças no Médio Oriente. A linha do pós-guerra é a de dar consistência a um arco que uniria o ocidente aos sunitas moderados. O novo verbo tem um alvo, Teerão, e duas declinações principais: Palestina e Síria.

Na Palestina, os norte-americanos jogam duro. As cedências feitas em Beirute não se vão repetir em Ramallah. A Casa Branca colocou à Presidência palestiniana uma equação de impossível solução: só daria cobertura a um governo de unidade nacional, desde que este reconhecesse explicitamente Israel. A posição europeia era mais flexível. A 20 de Setembro, pareceu mesmo ter vingado na reunião do *Quarteto*: "Escolhendo as palavras, o *Quarteto* saudou os esforços do presidente palestiniano "na esperança de que o programa de um futuro governo reflicta os princípios do *Quarteto*". Segundo um diplomata europeu, "os EUA opuseram-se" a um governo de união, com receio de que isso pudesse "reabilitar o *Hamas*", mas acabaram por se juntar à visão europeia porque "estavam muito isolados" [195].

Na realidade, os norte-americanos deixaram passar a sinuosa redacção europeia, porque já antes tinham assegurado a capitulação do presidente da Autoridade Palestiniana. Em reunião que antecedeu a do *Quarteto*, G.W. Bush explicou delicadamente a Mahmoud Abbas que não haveria flexibilidade. Este cedeu. A 22 de Setembro, intervindo na Assembleia Geral das Nações Unidas, Mahmoud Abbas assegurou aos presentes "que qualquer novo governo palestiniano respeitará os compromissos assumidos pela OLP e a Autoridade Palestiniana, nomeadamente as cartas de reconhecimento mútuas de 9 de Setembro de 1993 trocadas pelos falecidos Yasser Arafat e Itzhak Rabin" [196]. Esta frase rompia o pré-acordo de governo que presidente e primeiro-ministro palestinianos haviam apadrinhado a 11 de Setembro, e que fixava o limite até onde o Hamas poderia chegar. Aliás, logo no dia seguinte a este acordo, vários dirigentes islâmicos contestá-lo-iam. A explicitação das cartas de reconhecimento, que não estavam formalmente no pacote acordado, tinha, neste contexto, o valor de um divórcio. Porque o fez Mahmoud Abbas quando a

---

[195] Notícia do correspondente do *Le Monde* na ONU, na sequência da reunião do *Quarteto* de 20 de Setembro de 2006

[196] A intervenção integral do presidente da Autoridade palestiniana na Assembleia Geral das Nações Unidas pode ser consultada em www.un.org

192 | NO LABIRINTO

União Europeia dava sinais de poder aceitar um governo de unidade nacional, onde o reconhecimento "explícito" não fosse uma condição decisiva? Porque o fez, se Israel sempre desvalorizou esta mesma condição? É um mistério sobre o qual apenas se pode especular.

O que já constitui matéria de facto é que, durante o mês de Setembro, o país se aproximou perigosamente da guerra civil e de uma fractura entre Gaza e a Cisjordânia. Como ironizava um jornalista do *El País*, a única notícia positiva é que, por causa do bloqueio, 25 por cento dos palestinianos tinham deixado de fumar. Quanto ao resto, 95 por cento deixou de pagar rendas, 89 por cento tem facturas de electricidade em atraso, 65 por cento não consegue pagar as matrículas dos filhos, e dois terços estão em falta com os seus empréstimos bancários[197]. Mesmo que alguns destes indicadores possam ser exagerados para efeitos de luta política, é evidente que a tragédia marca a conjuntura.

Mais perigoso do que as dificuldades quotidianas, o carrossel das greves por pagamentos de salários transformou-se num assalto armado às instalações do governo. Em qualquer país, se diria estar em curso um golpe de estado com o objectivo de fazer cair o governo eleito. Os dois lados apenas garantem que não será franqueada a fronteira da guerra civil. Mas para lá se caminha. Com efeito, já a 28 de Maio, o jornal israelita *Há'aretz* dava conta do apoio norte-americano ao reforço de armas para a guarda pessoal do Presidente da Autoridade Palestiniana. Actualmente com três mil homens, o presidente quer alargá-la para 7.500. Notícias bem mais recentes da imprensa israelita dão nota de que os EUA estão a transferir dezenas de milhões de dólares para organizações próximas da *Fatah*, e que as armas destinadas à guarda presidencial poderiam passar pela fronteira com a Jordânia, ou seja, com o consentimento israelita[198]. No fim do mês de Outubro

---

[197] *El país* de 9 de Outubro de 2006).

[198] A notícia do *Há'aretz* é de Ze'ev Schiff, no artigo *PA chief Abbas aims to expanded presidential guard*, e pode ser consultada em www.haaretz.com. As notícias mais recentes saíram no *Le Figaro* de 16 de Outubro, assinadas pelo seu correspondente em Jerusalém, Marc Henry.

estive na Palestina e pude ouvir de responsáveis europeus a sua concordância, e até insistência, na entrada de novo armamento, que visaria "compensar o contrabando de armas ilegais na Faixa de Gaza". O que está a envenenar o ambiente, é a perversa combinação entre a ofensiva israelita e a assumpção da agenda norte-americana pelos clãs da Fatah ligados ao import-export, inteiramente dependentes das relações económicas com Israel. Abdalah Abdalah, dirigente da *Fatah*, não tem rodeios no objectivo político visado: "qualquer governo que não possa satisfazer as necessidades do seu povo, tem que adoptar políticas aceitáveis ou deixar outros fazê-lo" [199]. Para ganhar, a *Fatah* acena ao povo com o "dinheiro fresco" do ocidente. Oito meses depois da tomada de posse do novo governo, garante, contra a fome, ser o único partido capaz de pagar os salários aos 160 mil funcionários públicos e levantar o bloqueio. O objectivo de Washington é o mesmo: afastar do governo quem ganhou as eleições. O *Hamas* não capitulará. Mas sabe que tem de negociar um governo alargado que leve em conta as exigências do Quarteto. Neste colete de forças, as margens de manobra são estreitas, mas existem. No momento em que este livro lhe chegue às mãos, a questão do governo já estará resolvida. O que vai definir a sua natureza é, inevitavelmente, a presença, ou não, do movimento islâmico no elenco. Não são de excluir novas eleições, embora ninguém as deseje. Um povo desesperado pode esquecer por momentos a sua dignidade e ir comer à mão de quem pode. Mas não esquecerá a afronta. Guardá-la-á com rancor e ódio e na primeira oportunidade, depois da primeira refeição, varrerá a *Fatah*. O presidente franqueou a linha vermelha. Washington e Telavive podem obter na Palestina o seu prémio de consolação em 2006. Mas, a médio prazo, obrigar um povo a comer o seu boletim de voto só pode reforçar os islamistas.

---

[199] entrevista em *El país* de 9 de Outubro de 2006, conduzida por Juan Miguel Muñoz, correspondente em Nablus.

194 | NO LABIRINTO

Se na Palestina a situação se envenena, em Damasco e Teerão respira-se. As duas capitais encontram-se entre os vencedores da guerra de verão. Num abrir e fechar de olhos, Telavive, Washington e Bruxelas descobriram o "papel insubstituível" que a Síria pode jogar na paz regional. A intenção do recente desvelo é facilmente perceptível: afastar Damasco de Teerão. No Parlamento Europeu, acompanhei a discussão de um relatório sobre as relações da União Europeia com a Síria, bloqueadas desde fins de 2004. Até Julho deste ano, a direita opunha-se a qualquer passo normalizador de relações. Isso agora mudou. Como está a mudar a posição de Washington, que agradeceu ao regime de Damasco o facto de ter antecipado um atentado terrorista contra a sua embaixada na capital.

Mas as mensagens são ténues e mesmo contraditórias. De momento, Bashir al-Assad espera que cada um coloque na mesa as cartas que tem para jogar. Os seus bons ofícios têm preço. No mínimo, os EUA e a França terão que retirar o seu país da "lista negra" e apoiar as pretensões de Damasco aos montes Golã. Para já, o regime contenta-se em enviar sinais encorajadores. Rejeitou qualquer ideia de FINUL a controlar as fronteiras sírio-libanesas, mas admitiu que instrutores alemães formassem as patrulhas conjuntas dos dois países. É, contudo, pouco crível que a disponibilidade síria chegue ao ponto de entregar o acordo militar e energético que tem com Teerão. Essa é a sua linha vermelha.

A questão nuclear iraniana não foi abordada nestas páginas. Seria outro livro. Do ponto de vista do Direito Internacional, a república islâmica está obrigada pelo Tratado de Não Proliferação Nuclear, que subscreveu, e pelas regras da Agência Internacional de Energia Atómica (AIEA), a que pertence. Esse Tratado dá-lhe direito a produzir energia nuclear para fins civis, do mesmo modo que interdita a sua transformação para efeitos militares. Quando os *ayatolla's* reclamam o seu direito à produção em linha para fins civis, independentemente da opinião que cada um possa ter sobre a energia nuclear ou sobre o regime iraniano, estão "dentro da lei". As potências nucleares podem negociar a externalização do enriquecimento de urânio, para prevenirem um eventual passo seguinte. Mas não podem negar a Teerão o seu direito a uma escolha soberana sobre este assunto.

A transferência deste assunto, que se encontrava na AIEA, para o Conselho de Segurança das Nações Unidas, foi tudo menos sábia. Em retaliação, Teerão suspendeu a observação internacional do seu programa. Ao ameaçar o regime com sanções, o Conselho de Segurança só conseguiu unificar o país em redor do poder religioso. Os *ayatollah's*, com o alto patrocínio das potências de armamento Atómico, conseguiram transformar o seu programa nuclear no tema central da identidade e soberania do país. Como se pode imaginar, este patamar dificulta os compromissos.

É preciso ainda esclarecer que a possibilidade do Irão chegar à arma nuclear não decorre directamente do seu domínio sobre as tecnologias para fins civis. Estas são uma condição necessária, mas longe de suficiente. Os graus de concentração do urânio enriquecido para um e outro fim, são completamente distintos, e a gestão e estabilização do processo tecnológico bem mais complexas. Entre os especialistas, as opiniões dividem-se. Os mais pessimistas admitem que o Irão possa estar a poucos anos de chegar à arma nuclear; muitos outros, entre os quais se encontram serviços de informações dos próprios EUA, estimam que esse horizonte não é realizável antes de uma década.

Colocar o problema no domínio temporal, é dar por adquirido que Teerão quer chegar à arma nuclear e que tem um programa secreto para o efeito. Ora nem isto é certo. A existência de tal programa foi denunciada pela oposição ao regime, em 2002. Mas nunca foi provada. A ausência de observadores da Agência Atómica no país, apenas torna mais difíceis os mecanismos de controlo. Por exemplo, Filipe Gonzalez, antigo primeiro-ministro de Espanha, está convicto de que o regime fala verdade quando nega tais intenções. Ele faz mesmo uma sugestão aos líderes norte-americanos e europeus: "deixemos de considerar o Irão como inimigo do Mundo e eixo do mal e comecemos a vê-lo como uma nação que pode cooperar para a estabilidade da região"[200]. A opinião de Washington, como se sabe, é bem diferente. Ela parte da premissa que o programa militar existe e que está muito avançado. Washington não têm quaisquer provas do que afirma e muito menos autoridade para acusar. Da última vez que o fizeram, comprovou-se que mentia do princípio ao fim. Foi no Iraque. Desde então, o derrube do ditador custou, segundo a revista *Lancet*, 655 mil vítimas e não se vê luz ao fundo do túnel. O grupo de Donald Rumsfeld e John Bolton não aprendeu nada. A linha que seguem com Teerão repete a de Bagdad. Apostam tudo nas sanções, ou seja, na criação de um clima propício a nova guerra. Em fins de Agosto, e apesar dos resultados da guerra no Líbano, John Bolton admitia mesmo que elas pudessem ser "decididas fora do quadro do Conselho de Segurança"[201]. Não se percebe o que tal possa ser, mas imagina-se. Em nenhum dos casos, se admite dar ao nuclear iraniano um tratamento similar ao de qualquer outro país que tenha ou queira ter indústria nuclear.

Sem dois pesos e duas medidas, este conflito seria bem mais simples de dirimir. Desde que começou a dança sobre o nuclear iraniano, oito países decidiram iniciar programas de enriquecimento de urânio e ninguém contestou essa decisão... As potências nucleares também podiam colocar na agenda uma proposta que seguramente seduziria Teerão: a desnuclearização do Médio e Próximo Orientes. Se não o fazem é por causa de Israel, país que, de resto, não subscreveu o Tratado de Não Proliferação Nuclear.

---

[200] entrevista de Felipe Gonzalez à TV 4 espanhola, no regresso de Teerão, citada por *El País* em 4 de Setembro. O antigo primeiro-ministro espanhol afirmou ainda a sua convicção de que Teerão não tem programa militar nuclear e que o não deseja. Lembrou ainda que ele se encontra rigorosamente interdito pela lei islâmica do país. Sustentou que a atitude ocidental em face do programa nuclear para fins civis deveria ser a prevista no Tratado de Não Proliferação Nuclear.

[201] Declarações do embaixador norte-americano na ONU, citadas pelo *Le Monde* de 31 de Agosto de 2006.

Neste contexto, a Europa propôs em Setembro uma variante processual a meio-caminho – as Nações Unidas prescindiam de sancionar o Irão, em troca da suspensão das actividades de enriquecimento de urânio. A ingenuidade chega a ser tocante. Se é verdade que o Irão suspendeu tais actividades por duas vezes, também é certo que, se agora o fizesse, ficava sem nada para negociar...

Seja qual for a evolução desta disputa ao longo dos próximos meses, a verdade é que ela não jogou qualquer papel directo no conflito israelo-libanês. Nenhum dos sequestros de soldados israelitas foi decidido por causa do programa nuclear iraniano. Nem foram os iranianos que picaram o seu aliado libanês para a guerra. Por muito que o "guia supremo" receba inspiração do "sopro divino", não é crível que este lhe tenha sussurrado antecipadamente o resultado da batalha...

O programa nuclear iraniano só marcou a sua presença na guerra, porque quem a decidiu, a concebeu como "guerra de ensaio". Não tendo esta corrido de feição, a estreia foi adiada *sine die*. Um cenário de guerra aérea e marítima contra o Irão ainda está de pé, mas passou a ser apenas um entre outros. Os *ayatolla's* têm razões de satisfação. O povo iraniano, por maioria de razão, também. Um dos efeitos perversos desta guerra de verão, é o do reforço da influência dos *ayatolla's* sobre o seu próprio povo. Eles encontram-se, não apenas mais livres no campo diplomático, como dispõem hoje de melhores condições para consolidarem o seu poder autoritário no interior do país.

É tempo de terminar.

O Próximo e Médio Oriente precisam de quase tudo. Precisam de justiça, de democracia, de Direitos Humanos, e de muito mais ainda. Só não precisam de guerras e continuadas ingerências.

Um dia, este mundo encontrará a Paz. Nesse dia, até os conceitos de Próximo e Médio Oriente serão abandonados. Afinal, eles são meros qualificativos geográficos impostos por uma metrópole colonial que gostava de tirar as medidas ao seu Império.

Nesse dia, os problemas continuarão a existir. Mas acredito que alguns se tenham resolvido, porque é para isso que a política existe, e que vale a pena exercê-la contra o primado da guerra. Nesse dia, acredito, cristãos e muçulmanos voltarão a orar em conjunto na mesquita de Damasco. E nesse mesmo dia, o amor deixará de ter as fronteiras religiosas que hoje o aprisionam, para ser o que deve ser: simplesmente humano. Ou seja, livre.